# 清华时代

姜若木 编著

QINGHUA

SHIDAI

中国书籍出版社
China Book Press

图书在版编目(CIP)数据

清华时代 / 姜若木编著. --北京：中国书籍出版社，2021.5
（点读历史书坊）
ISBN 978-7-5068-8310-8

Ⅰ.①清… Ⅱ.①姜… Ⅲ.①中国历史—清代—通俗读物 Ⅳ.①K249.09

中国版本图书馆CIP数据核字（2021）第001350号

## 清华时代

姜若木　编著

| 责任编辑 | 牛　超 |
|---|---|
| 责任印制 | 孙马飞　马　芝 |
| 封面设计 | 小众书坊 |
| 出版发行 | 中国书籍出版社 |
| 地　　址 | 北京市丰台区三路居路97号（邮编：100073） |
| 电　　话 | （010）52257143（总编室）　（010）52257140（发行部） |
| 电子邮箱 | eo@chinabp.com.cn |
| 经　　销 | 全国新华书店 |
| 印　　刷 | 三河市顺兴印务有限公司 |
| 开　　本 | 710毫米×1000毫米　1/16 |
| 印　　张 | 18.75 |
| 字　　数 | 270千字 |
| 版　　次 | 2021年5月第1版　2021年5月第1次印刷 |
| 书　　号 | ISBN 978-7-5068-8310-8 |
| 定　　价 | 49.80元 |

版权所有　翻印必究

# 前 言

清朝是中华历史上世变之急令人眼花缭乱的时代。

它上承几千年来的专制帝制，下溃于民主共和的洪流，经历了改朝换代的血腥征讨，刀光剑影的宫廷斗争，雄才大略的帝王臣工，空前绝后的开疆拓土，冷酷隔膜的世态人心，黩心为上的"盛世太平"，思想文化的钳制镇压，贪官污吏的丑态毕露，西方列强的侵略欺凌，丧权辱国的城下之盟，农民起义的此起彼伏，开明士大夫的自救自强，异域文明的东渐挑战，维新改良的失败尝试，最后走向共和的国制革命。一幕幕在混乱中转型、在转型中更加混乱的历史活剧，为人们提供了研究人类历史兴衰最丰富、最生动的材料。

于是笔者萌发了编写这本《清华时代》的想法，力图通过对清朝三百年间重要事件和人物的回顾反思，探寻一下中华民族兴与衰的因由与契机。

历史是一面镜子，历史也是艺术。它可以借鉴，更可以欣赏。

为此，在这本书的写作方法上，笔者不做学究式的严密论证，而是以人们喜闻乐见的大众化形式——把历史当故事说，把学问当评书讲，使你在轻松愉快中获得知识，增长智慧。

愿快乐的学习与你同在。

# 目　录

## 第一章　努尔哈赤奠基大清……1
一、不幸的少年……4
二、十大历史成就……6
三、努尔哈赤成功之谜……13
四、宁远兵败……17

## 第二章　大清奠基工程的完成者皇太极……21
一、自古英雄多磨难……23
二、精心谋划，继承汗位……25
三、八大文治武功……27

## 第三章　清军入关统一中原……37
一、多尔衮统掌大权……39
二、冲冠一怒为红颜……41
三、史可法血战扬州……44
四、民族英雄郑成功……47
五、李定国大西南抗清……51

## 第四章　清初三先生 ......... 55

一、黄宗羲与《明夷待访录》 ......... 57
二、顾炎武与《日知录》 ......... 62
三、王夫之与《船山遗书》 ......... 65

## 第五章　康熙大帝开创盛世 ......... 67

一、卓越不凡的少年天子 ......... 69
二、康熙的八大贡献 ......... 71
三、康熙皇帝成功之谜 ......... 88

## 第六章　承上启下的改革型皇帝雍正 ......... 95

一、雍正继位之谜 ......... 97
二、冷酷残忍的皇帝 ......... 101
三、承上启下的改革 ......... 107
四、众说纷纭的死因 ......... 113

## 第七章　乾隆盛世 ......... 115

一、出生地之谜 ......... 117
二、亲生母亲之谜 ......... 118
三、社会经济的繁荣 ......... 120
四、乾隆对历史的八大贡献 ......... 123
五、盛世下的危机 ......... 130

## 第八章　大贪官和珅 ......... 137

一、出身满洲，聪明机敏 ......... 139

二、精明干练，拉帮结派 ……………………………… 141

　　三、联姻皇亲，投上所好 ……………………………… 142

　　四、贪得无厌，打击异己 ……………………………… 143

## 第九章　鸦片战争始末 …………………………………… 147

　　一、罪恶的鸦片贸易 …………………………………… 149

　　二、林则徐虎门销烟 …………………………………… 150

　　三、第一次鸦片战争 …………………………………… 152

　　四、第二次鸦片战争 …………………………………… 157

　　五、鸦片战争失败的原因及责任 ……………………… 159

## 第十章　太平天国运动 …………………………………… 165

　　一、金田起义 …………………………………………… 167

　　二、永安封王和定都天京 ……………………………… 171

　　三、太平天国的分裂 …………………………………… 173

　　四、石达开兵败大渡河 ………………………………… 175

　　五、洪秀全含恨归天 …………………………………… 178

## 第十一章　辛酉政变始末 ………………………………… 183

　　一、叶赫那拉氏慈禧 …………………………………… 185

　　二、辛酉政变 …………………………………………… 187

　　三、辛酉政变获胜的原因和影响 ……………………… 191

## 第十二章　晚清中兴四大臣 ······ 195

一、湘军头子曾国藩 ······ 197

二、洋务大师李鸿章 ······ 203

三、一代名将左宗棠 ······ 214

四、近代教育的奠基者张之洞 ······ 220

## 第十三章　百日维新始末 ······ 229

一、戊戌变法 ······ 231

二、袁世凯叛变 ······ 233

三、戊戌政变 ······ 237

## 第十四章　义和团运动 ······ 241

一、义和团运动的兴起和发展 ······ 243

二、八国联军的进攻 ······ 246

## 第十五章　清王朝的终结 ······ 249

一、光绪与慈禧同死之谜 ······ 251

二、辛亥革命 ······ 254

三、宣统皇帝退位 ······ 257

**附录** ………………………………………………… 261

　　一、清初的文字狱 ………………………………… 263

　　二、白莲教和天理教起义 ………………………… 267

　　三、严复和《天演论》 …………………………… 271

　　四、魏源与《海国图志》 ………………………… 274

　　五、曹雪芹与《红楼梦》 ………………………… 277

　　六、清末谴责小说 ………………………………… 281

　　七、"浓墨宰相"刘墉 …………………………… 284

　　八、清朝历代皇帝年表 …………………………… 287

**丛书参考文献** …………………………………………… 289

# 第一章

## 努尔哈赤奠基大清

一位西方学者说："西方最关注的中国古代杰出人物是成吉思汗和努尔哈赤。"

在中国灿如星汉的历史人物中，不乏像秦始皇、汉武帝、唐太宗这样杰出的帝王，西方人为什么更钟情于成吉思汗和努尔哈赤？主要原因是成吉思汗与努尔哈赤是少数民族。由少数民族入主中原，统治以汉族为主的、人口众多的民族国家，不能不说是个奇迹，让西方学者百思不得一解。同成吉思汗相比，努尔哈赤的传奇色彩似乎更浓。

在中国自秦朝以下的2000多年的皇朝历史中，建立过两百多年以上的大一统的王朝只有两汉、唐、明、清。大清帝国占据中国历史舞台达296年，占秦以来整个中国王朝历史的八分之一，尽管晚清时期国家腐败，屈辱卖国，使中国沦为半封建半殖民地国家，但它毕竟延续了296年之久，也算是历史的一个奇迹吧。汉高祖刘邦、唐高祖李渊、明太祖朱元璋都是汉族，只有清太祖努尔哈赤是少数民族。努尔哈赤在中华文明史上开创了一个时代，由他奠基的大清帝国，到"康乾盛世"时，已成为当时世界上最繁荣的大帝国。作为大清帝国的奠基人，努尔哈赤对清代历史既播下了"康乾盛世"的种子，也遗传了"光宣哀世"的基因。

这就是努尔哈赤在今天为人们所关注、研究的关键所在。

## 一、不幸的少年

努尔哈赤朝服像

努尔哈赤出身于明朝建州女真的贵族家庭，生于明嘉靖三十八年（1559年），祖父觉昌安和父亲塔克世都是建州女真的贵族，被明朝廷封为建州左卫的官员。努尔哈赤从小就练习射箭，有一身好武艺。10岁那年，母亲去世，继母拉氏刻薄寡恩，待他非常不好。父亲塔克世受继母挑唆，给努尔哈赤的东西极少，不能维持生活。努尔哈赤不得不离开家庭，到莽莽林海里去打猎、挖人参、采蘑菇、捡榛子、摘木耳、拾松子，然后将这些东西运到抚顺马市去卖，以此来维持生计。在他25岁那年，更大的不幸降临了，努尔哈赤的祖父和父亲，同时死于明军攻城的炮火，这一事件，对努尔哈赤以后的人生道路产生了决定性的影响。

关于这件事的起因，需从王杲之死谈起。在当时的建州女真中，以王杲势力最强。王杲曾带兵进犯辽阳，杀死明驻军指挥王国栋，后王杲被俘，被押送到北京问斩。

王杲死后，他的儿子阿台为报父仇，袭杀明军。万历十一年（1583年）二月，明将李成梁提兵直捣阿台的住地古勒寨，阿台妻子的祖父觉昌安也就是努尔哈赤的祖父。

觉昌安为了使孙女免于战难，也为了城内居民减少伤亡，便同努尔哈赤的父亲塔克世一同进城，打算劝说阿台投降。建州女真图伦城的城主尼堪外兰，暗通明朝，引导攻城，向城上守军喊话说："李太师有令，谁杀死阿台，谁就做古勒城的城主。"

于是，城里出现内奸，城被攻破，努尔哈赤的祖父觉昌安和父亲塔克世也不幸死于战火。努尔哈赤得到祖父和父亲遇难的噩耗，悲痛欲绝。他找到明朝官员，质问道："我祖父为何被害？我与你们有不共戴天之仇！"

明朝官员谢过说："这不是有意的，是误杀罢了！"

明军归还了觉昌安和塔克世的遗体，明朝廷又赏给努尔哈赤30匹马，并封努尔哈赤为指挥使。努尔哈赤怒气未消，但又不敢直接同明朝冲撞，便迁怒于尼堪外兰。

万历十一年（1583年）五月，努尔哈赤以报祖父、父亲之仇为名，率领百余人的队伍，向尼堪外兰的驻地——图伦城进攻，拉开了女真统一战争的历史帷幕。

## 二、十大历史成就

努尔哈赤从25岁起兵到生命结束,政治军事生涯44年,有历史学家盘点其历史成就有十大件。

（一）统一女真各部

金国被元朝灭亡之后,女真族各部纷争不已,以强凌弱,以众欺寡,自元、明三百年来,始终未能实现统一。努尔哈赤兴起,采用"顺者以德服,逆者以兵临"的策略,经过30多年的征抚,打败了当时势力最强的海西女真部落,实现了女真各部的大统一,在赫图阿拉称"覆育列国英明汗",国号大金,自此,女真各部基本被统一起来,这是一件了不起的大事。

（二）统一中国东北

明朝自中期以后势力逐渐衰落,对东北广大地区已不能实行有效管辖,努尔哈赤及其儿子皇太极经过艰苦努力,统一了东北,东起鄂霍次克海，西北到贝加尔湖，西到青海，南濒日本海，北跨兴安岭的广大地区，面积约500万平方公里，已和明朝的实际控制面积大致相等。东北地区的重新统一，不仅结束了相互杀戮、黎民涂炭的悲惨局面，而且为以后康熙二十八年（1689年）《中俄尼布楚条约》的签订奠定了基础。如果没有努尔哈赤对东北的统一，后来沙俄东侵，日本南进，列强争逐，东北疆域被谁人占有，实在难卜，这是努尔哈赤为巩固国家疆土做的第二大成就。

（三）制定满族文字

金灭亡后，通晓女真文的人越来越少，到明代中期已逐渐失传。努尔哈赤兴起后，建州与朝鲜、明朝的来往公文，由一位名叫龚正陆的汉人用汉文书写，在向女真人发布军令、政令时，则用蒙古文，一般女真人既看不懂，又听不懂。明万历二十七年（1599年），努尔哈赤命巴克什额尔德尼和扎尔固齐噶盖，用蒙古字母拼写满语，创制了满文，这就是无圈点满文（老满文），皇太极时改进成为有圈点满文（新满文）。满文是拼音文字，属阿尔泰语系满—通古斯语族，当时，东北亚满—通古斯语族的各民族，除满洲外都没有文字。满文记录下了东北亚地区文化人类学的珍贵资料，并成为满汉、中西文化交流的重要桥梁，后来耶稣传教士通过满文"四书"、"五经"翻译到西方。因此，努尔哈赤主持创制了满文，是满族文化发展史上的一块里程碑，是中华文化史和东北亚文明史上的一件大事，是努尔哈赤丰功伟绩之一。

## （四）促进满族形成

建州女真的统一，女真各部的统一，东北地区的统一，满族的融合，各部的联姻，八旗的创建，满文的创制，使得新的满族共同体出现在中华民族大家庭之中。满族以建州女真为核心，以海西女真为主体，吸收部分汉人、蒙古人、达斡尔人、锡伯人、朝鲜人等组成一个新的民族共同体。为反映这个满族共同体形成的事实，皇太极于天聪九年（1635年）十月十三日发诏谕说："我国建号满洲，统续绵远，相传奕世，自今以后，一切人等，止称我国满洲原名，不得仍前妄称。"从此，满洲族的名称正式出现。满诸入洲族初为东北边隅小部，继而形成民族共同体，到今天已发展成千万人的大民族，其肇兴的领袖，就是清太祖努尔哈赤。

清文一品官服补子

## （五）创建八旗制度

努尔哈赤利用女真原有的狩猎组织形式，创建八旗制度。女真人狩猎时组成狩猎小组，每10人立一位总领，总领称牛录额真（牛录，大箭的意思；额真，意为首领），后来这个相当于狩猎小组组长的牛录额真成为一级官员，牛录成为最基层的组织。屯垦田地，征丁披甲，纳赋服役，都以牛录为计算单位，努尔哈赤便在此基础上加以改组，发展扩大和定型，创立了八旗制度。规定：每300人设一牛录额真，5个牛录额真设一甲喇额真，5个甲喇额真设一固山额真。固山是满洲户口和军事编制的最大单位，每个固山有特定颜色的旗帜，所以汉语译固山为"旗"。原有黄、白、红、蓝四旗，后又增添四旗，在原来旗帜的周围镶边，黄、白、蓝三色旗镶红边，红色旗镶白边。这样，共有八种不同的旗帜，称为"八旗"，即满洲八旗。后来又逐渐增设蒙古八旗和汉军八旗，统称八旗，实际上是二十四旗。八旗制度"以旗统军，以旗统民"，平时耕田打猎，战时披甲上阵，它以"八旗"为纽带，将全社会的政治、军事、经济和家庭联结成为一个组织严密、生气蓬勃的社会机体。成为清人定鼎燕京、入主中原、统一华夏、稳定政权的一个关键，成了清人的一个核心社会制度。

## （六）建立后金政权

创大业者，必立根本。如果一个民族首领不能创建一个政权，他就不能在中国建立一个王朝，努尔哈赤作为杰出的少数民族首领，自然深谙此中的必要性。万历四十四年（1616年），努尔哈赤以赫图阿拉为中心，参照蒙古政权，特别是中原汉族政权的范式，登上汗位，建立后金，从此有了巩固的根据地，为其统一事业的进一步发展奠定了基础。其子皇太极，于天聪十年（1636）四月，又改元崇德，国号大清。从天命元年（1616）到宣统三年（1911），共历296年。努尔哈赤"经始大业，造创帝基"，是大清帝国的开创者和奠基人。

（七）丰富的军事经验

努尔哈赤戎马生涯44年，是一位优秀的军事统帅。他缔造和指挥的八旗军，在17世纪前半叶，不仅是中国一支最富战斗力的军队，而且是当时世界上一支最强大的骑兵。努尔哈赤统率这支军队，先后取得了古勒山之战、乌碣岩之战、哈达之战、辉发之战、乌拉之战、抚清之战、萨尔浒之战、叶赫之战、开铁之战、沈辽之战、广宁之战和觉华岛之战12次大捷，其中古勒山之战、萨尔浒之战、沈辽之战、广宁之战和觉华岛之战堪称战争史上的精彩之笔。他在军队组织、军队训练、军事指挥、军事艺术等方面的作为，都可圈可点，特别是对许多军事原则，如集中兵力、各个击破、围城攻坚、里应外合、铁骑驰突、速战速决、重视侦察、临机善断、诱敌深入、据险设伏、巧用疑兵、用计行间等，都能熟练应用并加以发挥，史称他"用兵如神"，丰富了中华古代军事思想的宝库。

## （八）制定安抚蒙古政策

自秦汉以来，北方的游牧民族一直是汉族中央王朝的北部边患。为此，秦始皇连接六国长城为万里长城，明朝徐达和戚继光为巩固边防，也大修长城，但都没能从根本上解决边患问题。明代京师两次遭北骑困扰，明英宗甚至成了瓦剌兵的俘虏。

努尔哈赤兴起后，对蒙古采取了既不同于中原汉族皇帝，也不同于金代女真皇帝的做法。作为少数民族的首领，他另走蹊径，采取了编旗、联姻、会盟、封赏、观猎、赈济、朝围、重教等政策，加强对蒙古上层人物部民的联系与辖治。特别是其联姻不同于汉、唐的公主下嫁，而是采取相互婚娶，真正成为儿女亲家。相对于历代中央政权（除元朝外）而言，这是对蒙古治策的重大创新。中国古代社会史上的北方游牧民族难题，到清朝才算得以解决。后来康熙说："昔秦兴土石之工，修筑长城。我朝施恩于喀尔喀，使之防备朔方，较长城更为坚固。"清朝对蒙古的这种抚民固边政策，其初始者就是努尔哈赤，其历史功绩可圈可点。

## （九）推进社会改革

努尔哈赤在其44年的政治生涯中，不断推进社会改革。在政权机制方面，他逐步建立起以汗为首，以五大臣、八大贝勒为核心的领导群体，并通过固山、甲喇、牛录三级组织，将后金社会的军民统制起来。而后，他又创立了八和硕贝勒共议国政制度，八贝勒并肩同坐，共议大政，断理诉，举废国汗，即实行贵族共和制，但此制度在努尔哈赤死后未能延续。在经济机制方面，他先后下令实行牛录屯田，计丁授田和缩丁编庄制度将牛录屯田转化为八旗旗地，奴隶制田庄转化为封建制田庄。随着八旗军民迁居辽河流域，女真由牧猎经济转化为农耕经济。在社会文化方面，初步实现了由牧猎文化向农耕文化的转变。

（十）决策迁都沈阳

1625年，努尔哈赤决定迁都沈阳，但遭到贝勒诸臣反对，其理由是：近来正在修建东京辽阳，宫宅已经建好了，老百姓的住所还没有最后完工，本来年景就不好，迁都需大兴土木，劳民伤财。对此，努尔哈赤说："沈阳乃形胜之地，西征明，由都尔鼻渡辽河，路直且近；北征蒙古，二三日可到；南征朝鲜，可由清河路以进；而且在浑河、苏克苏浒河的上流，伐木顺流而下，用来造宫室，烧柴，都不可胜用。时而出去打猎，山上兽多，河中水族，也可捕而取之。朕筹划此事已经成熟了，你们不要再考虑了。"

可见，努尔哈赤是综合考虑了历史与地理、社会与自然、政治与军事、民族与物产、形势与交通等因素，从而做出迁都沈阳的重大决策的，从此，沈阳第一次成为都城。努尔哈赤迁都沈阳，促进了辽河地域的经济开发，并带动了整个东北地域经济与文化的发展，出现了"满洲民国富"的景象。迁就沈阳，充分体现了努尔哈赤高瞻远瞩的政治气魄，为整个东北地域的繁荣奠定了良实的基础。

## 三、努尔哈赤成功之谜

努尔哈赤经过十二次大的战役，先是统一了女真各部，继而统一了东北全境，并成为后金大汗，建立了历经296年的大清帝国，那么，他成功的秘密在哪里呢？

后人对此诸说不一，甚至有体育教练从生理的角度进行了分析。努尔哈赤的成功，在于他苦难生活的磨砺，继母的寡恩，使他养成了自立的性格；马市的交易，使他大开眼界，广交朋友；祖父、父亲的蒙难，刺激他毅然摆脱常人的平庸生活，踏上了王者的征服之路。从历史唯物主义观点来看，努尔哈赤成功的关键的因素在于他实现了"四合"——天时、地利、人和与己合。

首先是天时。司马迁说："究天人之际，通古今之变。"天，可以理解为"上天""天命""天道""天意""天时"等，这里说的天，主要是"天时"。天时有大天时和小天时之分，清代启蒙思想家魏源说："小天时决利钝，大天时决兴亡。"孟子说："五百年必有王者兴。"五百年是个概数，三百年也会有王者兴。明末清初，中国历史的"天时"，到了一个大动荡、大变革的时期。当时的世界上，俄国尚未东越乌拉尔山，葡萄牙到了澳门尚未对明朝形成威胁，日本丰臣秀吉侵略朝鲜失败，女真东面的朝鲜，外祸内乱，衰落不堪；西面蒙古，四分五裂，林丹汗孤立；北面扈伦，彼此纷争，贝勒落马；南面大明，南倭北虏，内忧外患，极度腐败。总之，努尔哈赤处在了三百年一遇的大天时。

同时，努尔哈赤在战争中还善于利用天时。萨尔浒大战的胜利，原因之一就在于得天时。当时赫图阿拉地区大雪封山，江河冰冻，明军四路出师，长途跋涉，山路崎岖，丛林密布，冰雪封路，没能按原计划如期合围赫图阿拉。后金熟悉地形，便于设伏，分路出击。努尔哈赤巧妙利用天时，在明军形成合围之前，集中兵力，逐路击破，夺得了最终胜利。

其次是地利。地利主要指地形、地势、地域。赫图阿拉是一个山水环绕、气候温湿、土地肥沃的宝地，那里西距抚顺200里，既为关山阻隔，利于暗自发展，又有大路通达辽沈，利于驱兵进取。努尔哈赤在这里建立并扩大基地，是深有战略眼光的。这个基地后来发展成东到日本海，东北到库页岛，北跨兴安岭，西到青海，西北到贝加尔湖，南到长城的广大领域。这里有粮食、皮毛、人参、林木、矿藏，可以形成一个独立的自给自足的经济体系，这是大的地利。

努尔哈赤不仅在战略上善于利用这种大的地利，而且在战术上善于利用小的地利。以沈辽之战为例，明军本来依靠沈阳、辽阳两城，占地利，努尔哈赤在平原攻城，不占地利，但努尔哈赤设计将城里的明军诱出城外，进行野战，发挥骑兵特长，变不利为有利，取得了胜利。

再次是人和。人和主要是指人际关系的和谐，团结一切可以团结的力量，化消极因素为积极因素。当时的政治舞台上，以后金努尔哈赤为一方，明朝万历、泰昌、天启帝为另一方。明朝皇帝对北方少数民族政策的基本点是一个"分"字：分而弱之，间而治之。分则弱，合则强。努尔哈赤针锋相对，采取了一个"合"字。他对蒙古的抚民固边政策，便是典型的"合"字方针。这里再举两例子：

其一是关于叶赫老女的事。叶赫老女是叶赫贝勒布扬古的妹妹，可能长得比较漂亮，为了联络建州，13岁就许给努尔哈赤了。但是许完之后并没有把她嫁过来，而是随后又许给了哈达的贝勒、辉发的贝勒、乌拉的布占泰，结果这三个部落被努尔哈赤灭掉了。布扬古又把妹妹许给了蒙古喀尔喀达尔汉贝勒的儿子，叫莽古尔岱，建州得到这个消息后，贝勒们非常气愤，认为这个女人许给努尔哈赤已经20年了，现在又把她许给莽古尔岱，真是奇耻大辱，要发兵把她夺回来。努尔哈赤却说："为了我们共同的利益可以打他，可为了一个女人打他不好，这个女人本是许配给我的，我都没有那么生气，你们那么生气干什么？"

结果33岁的叶赫老女就嫁给了蒙古的莽古尔岱。这件事情反映了努尔哈赤以大局为重、以和为贵，妥善处理各种人际关系的艺术。

还有一件事，努尔哈赤率军攻打翁科洛城，被对方的鄂尔果尼一箭射中，鲜血一直流到脚面。努尔哈赤继续坚持战斗，这时又有一个叫洛科的人，一箭射到了努尔哈赤脖子上。那支箭带反钩，努尔哈赤往下拔箭，立刻血流如注，他拉着马缰从马上摔下来后就休克了。后来攻下翁科洛城，鄂尔果尼和洛科都被抓到了，部下要对他们施以乱箭穿胸之刑，这是当时最残酷的刑罚。努尔哈赤却说："两军对垒，他们都是各为其主来射我，这样的勇士太难得了。"于是努尔哈赤不仅给两人松了绑，还都授了官，别人一看，原来射他的人都可以得到宽宥，都可以授官，那他自己的人，只要做出成绩就更可以被重用，更可以升官了！努尔哈赤就是这样不计前嫌，善于调和人际关系，使大家同心协力，在战场上勇敢杀敌。

最后是己合。虽有天时、地利、人和，若没有己合，事业也不会成功。己合主要是胸怀开阔，心境豁达，能够把握自己，这是一个人要取得事业成功必须具备的基本素质。

万历二十一年（1593年），叶赫纠合哈达、乌拉、辉发等九部联军3万，分三路向建州古勒山而来。过了浑河之后，晚上军队支灶做饭，灶火像天上的星星一样，遍布四野，探骑回报时脸色都变了。当时努尔哈赤兵不满一万，建州官兵，人心惶惶，努尔哈赤得到报告时已是晚上，但他听后却像无事似的打着呼噜睡着了，妻子赶紧把他推醒说："敌人大兵压境了，你怎么还睡觉啊？你是方寸乱了，还是害怕了？"

努尔哈赤说："要是我方寸乱了，害怕了，还能睡得着吗？起先我不知道这九部联军什么时候来，老是惦记这事，现在知道他们已经来了，心里就踏实了。"

说完，努尔哈赤又呼呼地睡去。第二天早晨，他带领众贝勒等先祭堂子，然后统军出发，一举夺得了古勒山之战的胜利。

努尔哈赤就是这样善于把握天时、地利、人和、己合，实现最大的人生价值。然而，正当他处于事业巅峰的时候，命运却让他意外地遭遇到了明朝的书生袁崇焕，从而使他的喜剧人生不得不在悲剧的氛围中谢幕。

## 四、宁远兵败

努尔哈赤一生经历过许多重大战役，一直所向披靡，攻无不克。明朝天启二年即天命七年（1622年），努尔哈赤大败明辽东经略熊廷弼和辽东巡抚王化贞，夺取了明朝辽西重镇广宁（今辽宁北宁市）。熊廷弼因兵败失地而被斩，王化贞也因兵败弃城而丢官。随后明朝廷派天启帝的老师，大学士孙承宗为辽东经略。

孙承宗出关赴任，巡察边关，整治部队，储备粮草，积极防御。他任用袁崇焕修筑宁远城，加强战备整整四年，没有大的战事。然而，由于孙承宗是东林党的领袖，与以后大太监魏忠贤为首的阉党势不两立，虽然身为帝师，大学士，但在党争中也受到排挤，于是辞官回家，接替他驻任辽东经略的是阉党分子高第。

高第上任后，采取了消极防御策略，命令山海关外的兵力全部撤到关内，但身为宁远道的袁崇焕却拒不从命。宁远（今辽宁兴城）是明军在辽西失陷广宁后最重要的军事堡垒，后金军要进攻明朝首当其冲的就是宁远城。袁崇焕率领万余兵民，独守孤城宁远。他将新从海外引进的西洋大炮安放在城上，将城外的商民、粮草搬到城内，焚毁城外房舍，坚壁清野，安排百姓巡逻放哨，运送火药，实行军民联防；他还亲自向官兵下拜，刺血宣誓，激以忠义，官兵都决心与袁崇焕同生死，共患难。袁崇焕一切布置妥当，静待敌人来攻。

明朝天启六年即天命十一年（1626年）正月，68岁的努尔哈赤亲率6万八旗军，号称20万大军，渡过辽河，如入无人之境，向孤城宁远猛扑而来。此时，守城者袁崇焕，42岁，进士出身，还从没有指挥过作战和打过仗。

二十三日，努尔哈赤命离宁远城5里安营，横截山海之间的大路。努尔哈赤先礼后兵，放回被俘汉人捎劝降书给袁崇焕说："献城投降，高官厚赏，拒绝投降，城破身亡。"

袁崇焕回答说："义当死守，岂有降理！"

二十四日，努尔哈赤派兵猛力攻城，城垛上，箭像倾盆大雨一样射来；悬牌上，矢镞密集得就像刺猬皮。后金兵攻城不下，努尔哈赤命士兵冒死凿城挖洞。袁崇焕迅速下令动用早就准备好的大炮，向后金军的队伍猛烈发射，炮声响处，只见一团团冲天的火焰腾空而起，后金兵士被炸得血肉横飞，七零八落，留下的也被迫后撤。

努尔哈赤对这种新引进的西洋红衣大炮一无所知，不知道它的来源、特点、性能和威力。第二天又亲自督战，集中大股兵力继续攻城。袁崇焕登上城墙高处的瞭望台，沉着地监视观察着后金军的行动。直到后金军冲到逼近城墙的地方，他才命令炮手瞄准敌人密集的地方放炮，这些炮击使后金军将士受到巨大伤亡，正在后面督战的努尔哈赤也受了重伤，不得不下令迅速撤退。

袁崇焕听到敌人退兵的消息，就带兵乘胜追杀，一直追赶了30里，又杀死了不少后金军，才得胜回城。

努尔哈赤一生戎马驰骋44年，几乎没有打过败仗，可谓常胜统帅。但他占领广宁后，年事已高，体力衰弱，深居简出，怠于理政。他对宁远守将袁崇焕没有仔细研究，对宁远守城炮械也没有侦知实情，他只看到明朝经略易人等因素，未全面分析彼己，便贸然进攻。结果以矛制炮、以短击长、以劳攻逸、以动图静，吞下了骄师必败的苦果。宁远之败，是努尔哈赤起兵以来所遭遇到的最重大的挫折。此后，他郁郁寡欢，陷入苦闷。八月十一日，在沈阳东40里的叆鸡堡忧愤而死。

## 点 评

《左传》中写道："君以此始，必以此终。"努尔哈赤以兵马起家称汗，又以兵败宁远身死，这是历史上的偶然，还是历史上的必然？

瑕不掩瑜。努尔哈赤虽然在晚年有过一次失误，犯过一些错误，但他仍不失为一位杰出的历史人物。他把女真社会生产力发展所造成的各部统一与社会改革的需要加以指明，把女真人对明朝专制统治者实行民族压迫的不满情绪加以集中，并担负起满足这些社会需要发起者的责任。在将上述的各种社会需要和愿望转变为现实的过程中，他能够刚毅沉着、豁达机智、知人善任、赏罚分明，组成坚强稳定的领导群体。在征战的过程中，不四面树敌，更没有四面出击，而是佯顺明朝、结好朝鲜、笼络蒙古、用兵海西。对海西女真各部又采取远交近攻、联大灭小、先弱后强、各个吞并的策略，进而形势坐大，黄袍称帝，挥师西进，迁都沈阳。他通过建立八旗和创制满文，以物质和精神这两条纽带，去组织、协调、聚集、激发女真的社会活力，实现了历史赋予女真各部统一与社会改革的任务，并为大清帝国的建立奠下了基石。

# 第二章 大清奠基工程的完成者皇太极

皇太极为努尔哈赤第八子，在努尔哈赤死后登上汗位，是清朝继努尔哈赤之后又一位杰出的政治家、军事家。

皇太极生活在这样一个时代，当时中国的土地上有四个雄霸一方的枭雄：一个是清太宗皇太极，一个是明崇祯帝朱由检，一个是农民起义领袖李自成，再一个是蒙古察哈尔部林丹汗。这四个人，各代表自己民族或社会集团的利益，参与了这段史程上空前惨烈而又可歌可泣的政治角逐。最后的结局是：林丹汗败死青海打草滩，时年43岁；崇祯帝自缢煤山，时年34岁；李自成只在北京紫禁城做了一天皇帝，最后败死九宫山，时年40岁。林丹汗、崇祯帝、李自成的基业，最后都归了皇太极和他的子孙们。

皇太极成为这场空前政治角逐的最大赢家，并非偶然，不论是文治还是武功，显然都要比对手技高一筹。

## 一、自古英雄多磨难

皇太极出生那年，父亲努尔哈赤34岁，生母那拉氏18岁。他的生母是叶赫部贝勒扬佳努的爱女，名孟古，称孟古格格。孟古格格14岁嫁给努尔哈赤，29岁撒手人寰，所以，12岁时皇太极便失去了母爱。

皇太极的母亲在很大程度上是心情抑郁致死，她从结婚到患病、去世，其间建州同叶赫部一直敌对。古勒山一战，孟古的堂兄布斋贝勒，因战马在厮杀中被木墩绊倒死于非命。努尔哈赤命令将布斋的遗体劈作两段，将其一半送还，从此建州与叶赫结下了不共戴天之仇。孟古病危时，要求见生母一面，努尔哈赤派人去叶赫迎接，但遭到叶赫贝勒的拒绝，使孟古抱憾九泉。

皇太极少年丧母，又没有同母的兄弟姐妹，可以说是孤苦伶仃，而他的家庭，却是一个大家族。他有15位同父异母的兄弟，亲兄弟的子侄多达一百四五十人，他的7位同父异母的兄长由5位福晋所生，这5位福晋都是建州人，唯有其生母是叶赫部人，并且叶赫又同建州结下了血海深仇，这种家庭环境，对皇太极少年时代的成长产生了重大影响。

首先，皇太极的外公为女真族著名领袖，生母孟古格格是一位聪明灵秀的姑娘，受遗传的影响，皇太极聪明过人。而其他兄弟的外公，除多尔衮的外公以外，都没有显赫的地位，这个背景给皇太极增强了政治上的信心。

其次，少年丧母，使他在生活中遇到许多的艰难困苦，这磨炼了他独立的性格和顽强的意志。

再次，没有母亲的爱护，没有同母兄弟姐妹，格外势孤力单的状况又养成了他慎言少语的性格，锻炼了他沟通与协调的能力。

最后，皇太极因舅父与建州有世仇，长期冤冤相报，使他在家族中处于不利地位，促使他长于心计。

所有这些，都为皇太极后来的宏图大业打下了深深的基础。

## 二、精心谋划，继承汗位

满族先人女真像许多游牧民族一样，汗位继承没有实行嫡长制。努尔哈赤身后的帝位该由谁来继承，当时没有一个制度。努尔哈赤生前为巩固权位，先杀死胞弟舒尔哈齐，又杀死长子褚英。努尔哈赤晚年没有指定继承人，而是宣布了《汗谕》：实行八和硕贝勒共议推举新汗和废黜大汗的制度。

由此，努尔哈赤死后，尸骨未寒，汗位之争已非常惨烈。当时的形势是：在诸贝勒中，以四大贝勒的权势最大，地位最高。这四大贝勒是大贝勒代善、二贝勒阿敏、三贝勒莽古尔泰、四贝勒皇太极。皇太极在四大贝勒中，座次和年岁均列第四，此外，多尔衮、多铎的权势也很大。但是，二贝勒阿敏是皇太极的堂兄，其父舒尔哈齐获罪被囚禁至死，阿敏自己也犯下大过，自然没有资格也没有条件争夺汗位继承权。三贝勒莽古尔泰是皇太极的五兄，有勇无谋，生性鲁莽，势力较弱，同时他的生母富察氏曾因过失获罪，莽古尔泰竟亲手杀死母亲，这就使他名声很差，只可任统兵大将，但不能成为一国之君，没有条件争夺汗位。四人中，只有大贝勒代善有资格、有条件也有可能继承汗位。代善性格宽柔，深得众心，且军功多，权势大。努尔哈赤也曾预示日后由其继承汗位，说："百年之后，我的幼子和大福晋交给大阿哥收养。"大阿哥就是代善。

因此，皇太极虽胸怀大志，胸藏玄机，有帝王之才，但同其兄代善争夺汗位继承，各方面均处于不利的地位，于是不得不暗设机关。

据传，努尔哈赤的小福晋德因泽曾向努尔哈赤告发说，多尔衮和多铎的生母大福晋乌拉那拉阿巴亥两次送佳肴给大贝勒，大贝勒接受并吃了，又送给四贝勒，四贝勒却接受了没有吃，大福晋还经常派人去大贝勒家，深夜外出宫院，努尔哈赤听后派人调查属实。他不愿家丑外扬，便借故惩处大福晋。大福晋在这次事件中受了点"伤"，但没有"死"，不久又得到努尔哈赤的宠爱。但是这件事在满洲贵族中曝光后，大贝勒代善的威望大降，已无力争夺汗位。

有人说小福晋德因泽的告发是受到皇太极的指使，皇太极借大福晋同大贝勒之间难以说清道明的"隐私"，完成了一箭双雕之计，既使大贝勒声名狼藉，无力争夺汗位，又削弱了大福晋的儿子多尔衮、多铎兄弟争夺汗位的力量。这还不够，为了彻底消去多尔衮兄弟争夺汗位的力量，努尔哈赤死后，皇太极又和几个贝勒说："先汗有遗言，让大福晋殉葬。"在皇太极等四大贝勒的威逼下，大福晋自缢而死。大福晋阿巴亥死后，多尔衮、多铎年幼失去依靠，便不再有力量与皇太极争夺大位了。

代善失势，多尔衮失母，皇太极在大位争夺中处在了有利地位。新汗的推举商议，在庙堂之外进行。大贝勒代善的儿子贝勒岳托萨哈霖到其父代善的住所说："四贝勒（皇太极）才德冠世，深契先帝圣心，众皆悦服，当速继大位。"

代善说："这也是我的夙愿，你们所说，天人允协，谁不赞同。"

这样，父子三人议定。第二天，诸王、贝勒、贝子聚集在朝堂上。代善将他们的意见告诉了二贝勒阿敏、三贝勒莽古尔泰及诸贝勒，没有发生争议就取得了共识。皇太极经过长期的精心谋划，终于在35岁时登上汗位。

皇太极初登汗位时，四大贝勒并肩而坐，处理军政大事，四人轮流。后来，皇太极除掉二贝勒阿敏、三贝勒莽古尔泰、大贝勒代善，南面独坐，稳固了权力。

## 三、八大文治武功

皇太极时代，有人概括了他的文治武功，主要有八大项。

（一）革除弊政，调剂满汉

努尔哈赤晚年，特别是进入辽河平原以后，实行了一些错误政策，比如，大量迁民，按丁编庄，清查粮食，强占田地，满汉合居，杀戮诸生，遭到了辽东汉民的反抗，民族矛盾十分尖锐，汉人有的向饮水、食盐中投毒，有的把猪毒死出售，有的拦路击杀单独出行的满人，有组织的武装暴动也此起彼伏。

皇太极继位后，对努尔哈赤的失误之策，适时地做出了调整。

对汉族民众，他提出了"治国之要，莫先安民"的方针，强调满、蒙、汉人之间的关系就像五味的关系，"调剂贵得其宜"。他制定的新汉民政策是：汉人壮丁，分屯别居，汉族降人，编为民户，善待逃人，放宽惩治。于是汉民皆大欢喜，不再有逃跑的人。

对汉族官员，努尔哈赤原先的政策是汉官从属于满洲大臣，自己的马不能骑，自己的牲畜不能用，自己的田不能耕，官员病死后，妻子要给贝勒家为奴。皇太极废除了这些政策，优礼汉官，以此作为笼络汉族上层人物的一项重要政策。他对归降的汉官给予田地，分配马匹，进行赏赐，委任官职。

皇太极重用汉官，范文程便是一个著名例子。皇太极每当议事，总问："范章京知道吗？"遇到奏事不当的地方，总是说："为什么不和范章京商量呢？"当大家说"范章京也这么说"时，皇太极就认可了。

有一次，范文程在皇宫里进食，看着满桌佳肴美食，想起了老父亲，

镶黄旗军旗

停下筷子不吃饭。皇太极明白他的心思，马上派人把这桌酒席快马送到了范文程家里。

后来，范文程做到了内秘书院大学士，这是清朝汉人任相的开始。

对汉族知识分子，皇太极认为："士为秀民，士心得，则民心得矣。"当时，大明朝有人才却不能用，所以走向衰败。皇太极感到，谁占有更多的优秀人才，并发挥其聪明才智，谁就能战胜对手。

努尔哈赤对明朝知识分子屠杀过多，对所谓通明者"尽行处死"，其中幸存下来的约有300人，都沦为了八旗包衣下的奴仆。皇太极下令对这些为奴的知识分子进行考试，各家主人不得阻挠。这是后金科举考试的开端，结果得中者共200余人。他们都被解除奴隶身份，获得自由，得到奖赏。后来皇太极又举行了一次考试，得中者228人，从中录取举人，加以重用。这项举措，反响极大，使皇太极"仁声远播"。

（二）族名满洲，建号大清

皇太极做了两件影响千古，史册永存的事。

一是改族名女真为满洲。天聪九年（1635年）十月十三日，皇太极发布改族名为满洲的命令，从此满洲族（简称满族）的名称正式出现在了中华和世界的史册上。

二是改国号大金为大清。天聪十年（1636年）四月十一日，皇太极在沈阳皇宫大政殿举行即皇帝位的礼，改国号"金"为"大清"，改年号"天聪"为"崇德"。这样皇太极就有两个年号，一个是天聪，另一个是崇德，所以清朝出现了十二帝十三朝的现象。

皇太极为什么要改国号为"大清"呢？有一个传说：努尔哈赤早年逃难时骑着一匹大青马，慌急赶路，马被累死，努尔哈赤难过地说："大青啊，大青，将来我得了天下，国号就叫'大清'。"

当然这只是一个传说，对此不必深究。皇太极改国号，称皇帝，意在表明自己不仅是满洲的大汗，而且是蒙古人、汉人以及所有人的大汗，表明了他准备统一天下的雄心。

（三）完善君主专制体制

随着后金社会的发展，皇太极改革并完善了政权机制。一是除掉二贝勒阿敏、三贝勒莽古尔泰，又挟制大贝勒代善，废除大汗同三大贝勒并坐制，改为皇太极"南面独坐"，强化了君主政权；二是巩固和完善了八旗制度，逐步设立了八旗汉军，以管理汉军及其眷属的军、政、民等事宜，并扩编了八旗蒙古，加强了对蒙古的统辖；三是创设了蒙古衙门，后改为理藩院，专门处理民族事务；四是仿效明朝的制度，设立了内三院、六部、都察院，形成了所谓"三院六部二衙门"的政府架构，基本完善了君主制政府的组织体制。

（四）造红衣炮，创建炮兵

皇太极在经过宁远之战、宁锦之战和北京之战三次重大失败之后，终于意识到自己失败的重要原因是没有最新式武器——红衣大炮。天聪五年（1631年）正月，后金仿制的第一批红衣大炮在沈阳造成，定名为"天佑助威大将军"。

从此，满洲终于有了自己制造的红衣大炮，这是八旗兵器史上划时代的大事件，也是八旗军事史上的一座里程碑。于是皇太极在八旗军设置新营"重军"，就是以火炮等火器装备的重型新兵种——炮兵。这样，明军的红衣大炮清军也拥有了，而清军的强大骑兵明军没有，皇太极在开拓疆域的武力中更是如虎添翼。

（五）向东出兵，两征朝鲜

天聪六年（1627年）正月，皇太极命二贝勒阿敏等率军东征朝鲜。阿敏统率大军，占领平壤，而后双方在江华岛杀白马、黑牛，焚香，定下"兄弟之盟"。

崇德元年（1636年），皇太极称帝时，朝鲜使臣拒不跪拜，双方撕扯，仍不屈服。于是皇太极以此为借口，在十二月第二次对朝鲜用兵，他亲自统率清军，直指朝鲜王京汉城。朝鲜国王李保（zǒng）逃到南汉山城，皇太极也率军到南汉山城驻营。第二年正月，李保请降，皇太极在汉江东岸三田渡，举行授降仪式，确立了大清同朝鲜的"君臣之盟"。

皇太极两次用兵朝鲜，达到了一石三鸟的目的：一是改变了朝鲜依附明朝而不从清朝的立场；二是得到了来自朝鲜的物资供应，三是解除

镶黄旗甲胄

了进攻明朝的东顾之忧。

## （六）向北用兵，征抚索伦

皇太极向北用兵，兵锋直指黑龙江上游、中游和下游地域，他的策略是："慑之以兵，怀之以德。"

达斡尔头人巴尔达奇居住在精奇里江（今结雅河）多科屯。皇太极将宗室女儿嫁给巴尔达齐，于是他成了皇太极的额驸（侄女婿）。不久，索伦部的许多首领相继到沈阳朝贡，表示归顺。

崇德年间，皇太极两次发兵索伦，征讨博穆博果尔。双方在黑龙江上游雅克萨（今俄罗斯阿尔巴津）、呼玛尔（今呼玛）等地遭遇，经过激战，清军获胜，但损失很大。博穆博果尔率余部北逃，皇太极采用"声南击北"的计谋，预先埋伏蒙古骑兵在其逃路上，最后将博穆博果尔擒获。

皇太极征抚并用，以抚为主，终于使贝加尔湖以东，外兴安岭以南，乌苏里江至鄂霍次克海的广阔地域归属于清朝。

## （七）向西用兵，三征蒙古

明清时期，我国蒙古分为三大部分：漠南蒙古即内蒙古，漠北蒙古即外蒙古，漠西蒙古即厄鲁特蒙古。

漠南蒙古位于明朝和后金之间，并同明朝定有共同抵御后金的盟约。漠南蒙古察哈尔部林丹汗，是元太祖成吉思汗的后裔，势力强大，自称是全蒙古的大汗。明朝廷每年给林丹汗大量"岁赏"，使其同后金对抗。努尔哈赤时漠南蒙古东边诸部多归服后金，但察哈尔部成为漠南蒙古诸部对抗努尔哈赤父子的坚强堡垒。

皇太极即位后，向西三次用兵，主要目标就是察哈尔部的林丹汗。天聪二年（1628年），皇太极利用漠南蒙古诸部落的矛盾，同反对林丹汗的喀喇沁等部落结盟，首次亲统大军进攻林丹汗，在敖木伦获得胜利，俘获11000余人，后乘胜追击到兴安岭才收兵。4年以后，皇太极再次率军远征林丹汗，长途奔袭至归化城（今呼和浩特市），林丹汗闻讯，星夜逃遁。皇太极遂回军，在途中获得明塞外民众数万人，牲畜10余万，随后，察哈尔部分崩瓦解，林丹汗逃到青海打草滩，最后身体出痘病死。

天聪九年（1635年），皇太极又命多尔衮等统军第三次征讨察哈尔部，林丹汗的继承人，其子额哲率部民千户归降，并献上传国玉玺。据说这颗玉玺，从汉朝传到元朝，元顺帝北逃时还带在身边，他死之后，玉玺失落，两百年后，一个牧羊人见一只羊三天不吃草，而用蹄子不停地刨地。牧羊人好奇，挖地得到了这颗宝玺。后来宝玺就到了林丹汗手中，皇太极得到这"一统万年之瑞"的玉玺，大喜过望，感到自己的统治终于得到了上天的认可。

就这样，为敌20余年的察哈尔举部投降，广阔的漠南蒙古归于清朝。

（八）向南用兵，屡入中原

皇太极向明朝用兵，五次大规模入塞，攻打北京，掳掠中州，陷落济南，反映了他胆识、气魄、谋略的雄奇，其中以用反间计除袁崇焕最为后人称道。

天命十一年（1626年）正月，努尔哈赤在宁远之战中惨败，不久忧郁而死。皇太极亲临战场，目睹了八旗战史上这场最惨痛的失败，发誓要为父汗报仇，于是发动了宁锦之战。天聪元年（1627年）五月，皇太极在宁远、锦州又战败，这使他认识到：袁崇焕是他经山海关进入中原的"拦路虎"。不久，皇太极想到一计：绕道山海关，攻打北京，调动袁崇焕"勤王"，实施"反间计"，除掉袁崇焕。

天聪三年（1629年）十月，皇太极亲率大军，避开山海关，绕道内蒙古进攻北京城。这时袁崇焕被崇祯帝重新起用为兵部尚书，蓟辽督师。袁崇焕在山海关巡视的时候，得到皇太极进攻京师的军报，急忙点起九千骑兵，日夜兼驰，前来救援，保卫北京。

袁崇焕驻兵在北京广渠门外，兵无粮，马无草，白天作战，夜间露宿。袁崇焕身先士卒，连获广渠门和左安门两捷，北京转危为安。这时皇太极便用《三国演义》中周瑜利用蒋干盗信使曹操中反间计的手法，设计陷害袁崇焕。

第二天，皇太极告诫诸军不要进攻，召鲍承先及副将高鸿中授之以秘计。明朝有个太监杨某，被后金军俘虏后关在金营里，于是太监杨某听见两个看守他的金兵在外面小声谈话。一个金兵说："今天撤兵，完全是皇上的主意。"

另一个问："你是怎么知道的？"

前一个又接着说："刚才我看见皇上一个人骑着马向明营的方向急走，明营里也有两个人向皇上走来，看见皇上，跟皇上说了很久才离去。袁经略和皇上有密约，眼看大事就要成功啦……"

太监杨某假装睡在旁边窃听，第二天，后金士兵又故意不慎让杨某逃跑了，杨某回到崇祯帝身边，便把这事告诉了崇祯，崇祯是个猜疑心极重的人，听了太监杨某的报告，信以为真，十分震怒，马上命令袁崇焕进宫。袁崇焕到了宫里，崇祯帝立刻喝令锦衣卫把袁崇焕捆绑起来，押进了死囚大牢。

第二年八月十六日，一代名将袁崇焕在北京西市被凌迟处死。据《明季北略》记载：袁崇焕受刑时，人们咬牙切齿，买从袁崇焕身上割下的肉下酒喝，喝一口，骂一声。这个记载，虽未必可靠，但说明当时北京城上下都中了皇太极的"反间计"，误认为袁崇焕"通敌"。事情一直到清朝修《明史》，在满文档案中看到当时的记载才真相大白。事过100多年后，袁崇焕的冤案才由乾隆帝给予平反。

皇太极用反间计使崇祯帝"自毁长城"，《明史·袁崇焕传》中写道："自崇焕死，边事益无人，明亡征决矣。"

从这里，我们也不难看出皇太极心机之深，谋略之高，手段之辣，实在令人叹为观止！

这样一代英杰，本来应该能够创立更大的功业，但是，皇太极却在52岁的盛年（1643年）突然辞世，他去世的当天，还在举行政务活动。也许天不假年，使他无缘坐在紫禁城的宝座上，实现其终生为之奋斗的定鼎燕京的梦想。

## 点　评

爱新觉罗·皇太极，12岁丧母，20岁带兵打仗，35岁登基，在位17年，52岁去世，是清朝继努尔哈赤之后又一位杰出的政治家和军事家。皇太极的死，标志着大清皇朝一个朝代的结束，也标志着大清皇朝奠基工程的完结。努尔哈赤和皇太极两代整整60年的奋争,为后来清军入关,统一中原,奠定了基础。

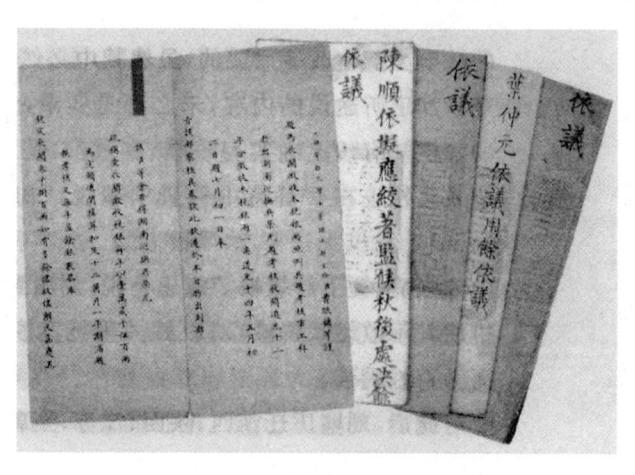

提事奏本

# 第三章 清军入关统一中原

清朝经努尔哈赤和皇太极父子两代60年的努力奋斗，奠定了坚实的基础，民国富强。而南面的明王朝在农民起义军的打击下，已经趋于没落。清军入关，统一中原的时机已经成熟。

## 一、多尔衮统掌大权

多尔衮为清太祖努尔哈赤的第十四个儿子，生于1612年。努尔哈赤死时，多尔衮年仅15岁，皇太极即位后，封多尔衮为贝勒，因按年龄序列第九，故称九贝勒或九王。

天聪二年（1628年），多尔衮随同皇太极进军蒙古察哈尔部，因作战英勇，被皇太极封为墨尔根岱青，意为聪明王。天聪九年（1635年）二月，皇太极封多尔衮为元帅，进攻察哈尔部林丹汗之子额哲。多尔衮不费

多尔衮像

一兵一卒，圆满地解决了察哈尔向清朝的归服问题，再立奇功，在满洲贵族中赢得了极高的威信。崇德元年（1636年）四月二十三日，皇太极在沈阳论功封兄弟子侄，多尔衮被封为和硕睿亲王，成为六大亲王之一，名列代善和济尔哈郎之后，其政治地位节节上升。

崇德八年（1643年）八月，皇太极在沈阳暴逝，宗室中很多人倾向于支持多尔衮争夺皇位，多尔衮为了谋求清廷内部的统一，顾全大局，采取折中方案，立皇太极的第三子，年仅6岁的爱新觉罗·福临即位，年号顺治，意为"顺利治国，统一华夏"之意，自己和济尔哈郎共同摄政，负责实际政务。

多尔衮在宣誓辅政之后，就一步一步地将朝政大权掌握在自己手中，成为"首席摄政王"。而年幼的顺治帝根本不能主事，因此，清军入关统一中原实际上是在多尔衮的领导下完成的。

多尔衮率领清军入关以及入关后的统一大业，是与范文程的襄助分不开的。范文程祖籍沈阳，其祖父官至明朝兵部尚书。崇德初年，皇太极任命范文程为内秘书院大学士，进职二等甲喇章京，参与机密。范文程虽系汉人，但因头脑清醒、有大略，深得清朝统治者的信任。顺治元年（1644）四月初四，当多尔衮即将率师伐明之际，范文程向他提出了如下统一中原的方略：

（1）明朝腹背受敌，进军关内的时机不能错过。

（2）中原地区应一举平定。

（3）农民军将是角逐的对手。

（4）进攻内地时，应注意军纪。

（5）据守关内据点，稳扎稳打。

范文程的这些建议，对当时执政的多尔衮影响极大，事实上多尔衮入关后的行动，均依照范文程的奏书拟议，未做大的修改。

一切准备妥当，顺治元年（1644年）四月初九，多尔衮率领大军浩浩荡荡由沈阳出发了。

## 二、冲冠一怒为红颜

1644年，明末农民起义领袖李自成在西安建立政权，国号大顺。此后李自成率领一百万起义将士，渡过黄河，兵分两路进攻北京。两路大军势如破竹，到了这年三月，就在北京城下胜利会师，驻守京城外的明军三大精锐全部投降，北京城一举攻破，崇祯帝缢死在煤山。

进入北京以后，李自成一面出榜安民，一面严惩明朝的皇亲国戚，贪官污吏。他派刘宗敏和李过，勒令那些权贵交出平时从百姓身上搜刮的财物，充当起义军的军饷，拒绝交付的统统处以重刑。有个明朝的大官僚吴襄，也被刘宗敏带人抄了家产，并且逮捕起来进行追赃。这时，有人告诉李自成，吴襄的儿子吴三桂是明朝的山海关总兵，手下还有几十万大军，如果把吴三桂招降了，就可以解除大顺政权的一个极大威胁。

李自成觉得有道理，于是叫吴襄给他儿子吴三桂写信，劝说他向起义军投降。吴三桂收到吴襄的劝降信，处在犹豫之中，向起义军投降吧，从心底是不愿意的；不投降吧，起义军勇猛善战，兵力强大，自己不是对手。同时，北京城里还有他的家属和财产，也舍不得丢掉不管。由此，他决定带兵到北京看看情况再议。

吴三桂带兵到了滦州，离北京很近了，碰到一些从北京逃出来的人。

吴三桂找来一问，听说他父亲吴襄已经被起义军抓了起来，家产被抄，心里恨得咬牙切齿，后又听说他最宠爱的爱妾陈圆圆被农民起义军首领刘宗敏所占，更是怒气冲天，立刻下令军队全部退回山海关，并且要将士们一律换上白盔白甲，说要为君父报仇。

李自成得知吴三桂拒绝投降的消息，就决定亲自带领20多万大军，进攻山海关。吴三桂听到这个消息，也顾不得什么民族气节了，连忙写了求援信，派人飞马出关，请求清兵入关镇压起义军。

清朝辅政的亲王多尔衮接到吴三桂的求援信，正中下怀，立即亲自带着十几万清兵，向山海关进发。清军来到山海关城下，吴三桂迫不及待地带着500个亲兵出关迎接多尔衮，他见了多尔衮，卑躬屈膝地哀求多尔衮帮他报仇，多尔衮心中另有图谋，自然顺水推舟地答应了。

李自成大军从南面开到山海关附近，20多万起义军，依山靠海，摆开浩浩荡荡的阵势，一眼望不到边。多尔衮从山海关城头望见起义军阵容齐整，料想不容易对付，于是就让吴三桂打先锋，叫清军埋伏起来，自己和几名清将远远地躲在后面的山头观战。

战斗开始了，李自成披挂整齐，骑着马登上西山指挥作战。吴三桂带兵一出城，起义军左右两翼进行合围包抄，把吴三桂的部队团团围住，明兵东窜西逃，总也冲不出重围，起义军个个英勇血战，喊杀声震天动地。正在双方激战的时候，不料海边一阵狂风，把地面上的尘沙刮起，一霎时，天昏地暗，对面看不见人。

多尔衮看准这个时机，命令埋伏的几万清兵一齐出动，向起义军发起突然袭击，起义军毫无防备，也弄不清是哪儿来了这么多敌人，心里一慌，阵势也就乱了。一时间，万马奔腾，飞箭如雨，农民军战败溃逃，混乱中，因马匹自相践踏致死的人不计其数，尸体遍地，血流成河。

直到风定下来，李自成才在西山上发现清兵已经入关，想下令军队稳住阵势，指挥抵抗，可是已经来不及了，只好传令后撤。多尔衮和吴三桂的队伍乘势里外夹击，起义军遭到惨重失败。李自成带领将士边战边退，吴三桂和清军则在后面紧紧追赶，起义军退回到北京，兵力已大大削弱，而实力强大的清兵，已成锐不可当之势。李自成回到北京的第二天，便率领起义军离开北京，向西安撤退。

于是多尔衮带领清兵顺利地进了北京城，吴三桂因打击农民起义军有功，被封为平西王。1644年10月，多尔衮以皇太极遗言"若得北京，当即迁都，以图进取"和范文程稳扎稳打的战略，把顺治帝从沈阳接到北京，把北京作为清朝的首都，从此开始在关内建立了它的统治。

第二年，清朝分兵两路攻打西安。一路由阿济格和吴三桂、尚可喜率领，一路由多铎和孔有德率领。李自成率领农民军在潼关抗击清军，经过

清人绘——吴三桂像

激烈战斗，终于抵挡不住，被迫放弃西安，向襄阳转移。过了几个月，农民军在湖北通山县九宫山，遭到当地地主武装的突然袭击，李自成战败身亡，时年39岁。

李自成退出北京后，张献忠在四川称帝，国号大西，带领队伍继续抗清。到1647年，清军长驱直入，进入四川，张献忠在川北西充凤凰山的一场战斗中中箭身亡。就这样，明末两支主要的农民起义军都先后失败了。

## 三、史可法血战扬州

崇祯帝在煤山自缢的消息传到明朝陪都南京，南京的大臣们慌忙立了福王朱由崧做皇帝，在南京建立了一个政权，史称南明，史称弘光帝。

弘光帝朱由崧是个迷恋酒色、不思进取的昏庸皇帝，凤阳总督马士英和一批魏忠贤的余党利用弘光帝的无能，操纵了南明政权，这些人根本没有想调集兵力抵抗清兵，只是过着荒淫的生活。南明政权的兵部尚书史可法，本来不赞成让朱由崧做皇帝，但为了避免引起内部冲突，才勉强同意。弘光帝即位以后，史可法主动要求到前方去抗击清兵。

在史可法抗清时，长江北岸尚有四支明军，叫四镇。四镇的将领都是些骄横跋扈的人，他们割据地盘，互相争夺势力，放纵士兵残杀百姓。史可法在南方将士中威信很高，他到了扬州，那些将领不得不听他的指挥，他坐镇扬州指挥，做了督师，大家都称呼他史督师，史可法做了督师之后，以身作则，跟士兵同甘共苦，受到将士们的衷心拥护和爱戴。

没多久，清军在豫亲王多铎带领下，大举南下，史可法指挥将士顽强抵抗，打了一些胜仗。然而，此时南明政权内部起了内讧，驻守武昌的明军将领左良玉为了跟马士英争权，起兵南京，马士英于是以弘光帝的名义要史可法带兵去南京保护他。史可法明知清军压境，不能离开，但为了平息内争，不得不带兵回南京。刚过长江，传来左良玉已兵败的消息，史可法又急忙挥师江北，而这时清兵已逼近扬州。

史可法发出紧急檄文，要各镇将领率兵集中到扬州守卫。但过了几天，没有一个将领发兵来救，史可法知道，现在只有依靠扬州军民孤军奋战了。

清军一到扬州城下，多铎先派人到城里向史可法劝降，他一连派了五个人，都被史可法严词拒绝，说："城在人在，城亡人亡，我头可断，而志不可屈。"

多铎恼羞成怒，下令把扬州城紧紧包围了起来，扬州城危急万分，一些胆小的将领害怕了，第二天就有一个总兵和一个监军带着部分人马投降了清军，这一来，城里的守卫力量就更弱了。

史可法把全城官员召集起来，勉励他们同心协力，抵抗清兵，并且分派了守城的任务。他分析了一下形势，认为西门是最重要的防线，于是亲自带兵防守西门。将士们见史可法坚定沉着，还亲自出战，都很感动，纷纷表示要和督师一起，誓死抵抗。

多铎命令清军没日没夜地轮番疯狂地攻城，扬州军民在史可法领导下

史可法像

奋勇作战，把清兵猛烈的进攻一次次打退，多铎见一时不能取胜，便命令军队用大炮攻城，他探听到西门防守最严，又是史可法亲自防守，就令炮手专向城墙的西北角轰击。呼啸的炮弹一颗颗在扬州城的西门口落下来，城墙渐渐塌陷，终于被轰开了一个大缺口。

史可法指挥军民奋力堵缺口，这时大批清军蜂拥了进来。史可法见扬州大势已去，便拔出佩刀准备自尽。随从将领赶紧抱住史可法，又夺了他手里的刀，部将们连拉带劝地把史可法保护出来，准备从小东门逃走。这时来了一队清兵，看见史可法穿的是明朝官服，就喝问道："你是谁？"

史可法怕连累伤害别人，就高声道："我就是史督师，你们快杀我吧！"

就这样，扬州城陷落，史可法被捕遇害，年仅44岁。史可法遇害后，扬州人民继续坚持巷战，同清兵顽强拼杀，他们受史可法精神的鼓舞，无一人投降，给了清军以沉重打击。

多铎因攻城的清军伤亡很大，心里十分恼恨，竟灭绝人性地下令兵士屠杀扬州百姓，连续杀了十天，几十万扬州百姓死于屠刀之下，历史上把这次惨案称作"扬州十日"。

大屠杀之后，史可法的养子史德威进城寻找史可法的遗体，最后只找到史可法穿过的袍子，埋葬在了扬州城外的梅花岭上，这就是现在还保存完好的史可法"衣冠冢"。

史可法是南明政府抗清的中心人物,史可法一死,南明弘光政权很快就被清军灭亡了。

## 四、民族英雄郑成功

弘光政权被消灭后,东南沿海地区的抗清斗争还在继续。1645年6月,由明朝的遗臣黄道州、郑芝龙另立了朱聿键为皇帝,并在福州即位,历史上称他为隆武帝。

黄道州虽然真心抗清,但无奈兵权却掌握在郑芝龙手中。郑芝龙只想保存实力,不肯真正出兵抗清。后来清军进攻福建时,郑芝龙受清朝高官厚禄的引诱就投降了。这样,隆武政权也就灭亡了。

郑芝龙虽然没有气节,但他的儿子郑成功却和他相反,几次拒绝清军的引诱,决心抗清,并和他父亲断了父子之情。

郑芝龙降清时,郑成功才22岁,是个青年将领。郑成功苦苦劝阻他父亲降清无效,便气愤地单独跑到南澳岛,招募了几千人马,举起了抗清大旗。

郑成功兵力逐渐发展强大起来,在厦门建立了一支水师。1647年,桂王永历政权建立,郑成功改奉永历年号,被封为威远侯。从此,郑成功与西南的抗清将领李定固往来呼应,成为南方抗清斗争的两大支柱。

郑成功在抗清斗争中十分注意根据地的建设，他改厦门（明代称为中左所）为思明州，设立六官分理庶政，并将全部军队分为71镇。在郑成功起兵抗清的十几年中，曾先后九次南征，三次北伐。其兵锋所指，清军闻风丧胆。

1659年，为配合西南的抗清斗争，郑成功再次北伐，他和抗清将领张煌言联合起来，乘海船率领水军17万人开进长江，分水陆两路进攻南京，一直打到南京城下，但清军用假投降的手段欺骗了他。郑成功中了清军的计，最后打了败仗，退回厦门。而这时，清军已占领福建大部分地方，他们用严密封锁的办法，要福建、广东沿海百姓后撤40里，以断绝对郑成功的粮草供应，以图困死郑成功。郑成功无论在哪里招兵筹饷，都遇到了困难，于是决定向台湾发展。

台湾自古以来就是中国的领土，明朝末年，欧洲荷兰人趁明王朝腐败无能，霸占了台湾，并修建城堡，向台湾人民勒索苛捐杂税。台湾人民不断反抗，却遭到了荷兰侵略军的残酷镇压。

郑成功少年时曾随父亲到过台湾，亲眼看到台湾人民遭受的苦难，早就想收复台湾。这时，他决心赶走荷兰侵略军，便命令将士修造船只，筹集粮草，准备渡海出战。

恰在这时，有一位在荷兰军队里当过翻译的何廷斌来到厦门求见郑成功，劝郑成功收复台湾，并送给郑成功一张台湾地图，把荷兰侵略军的军事布置等情况都详细地告诉了郑成功。郑成功有了这个可靠的情报，进攻台湾的信心更足了。

1661年3月，郑成功叫儿子郑经带领一部分军队留守厦门，自己亲率二万五千名将士，分乘几百艘战船，浩浩荡荡从金门出发，越过台湾海。

郑成功叫何廷斌给船队领航，利用海水涨潮的时机，驶进了鹿耳门，登上了台湾岛。郑家兵从天而降，打了荷兰人一个措手不及。躲在城堡里的荷军头目派了100多个兵士向郑军冲来，郑成功一声号令，率兵士把敌军紧紧围住，杀了一个敌将，其余敌兵顿时吓得四处逃散。

荷军又调动一艘最大的军舰"赫托克"号领着3艘战舰，气势汹汹地开了过来，想阻止郑军船只继续登陆，郑成功沉着镇定，指挥他的60艘战舰把"赫托克"号团团围住，一齐开炮，把"赫托克"号击沉，另外3艘荷兰船见此吓得调头就逃。

荷军遭到惨败，龟缩在台湾城（今台湾东平地区）和赤嵌城（今台南地区）两座城堡里不敢出来应战。他们一面偷偷派人到巴达维亚（今爪哇）去搬救兵，一面派使者到郑军大营求和，并许诺说："只要你们肯退出台湾，我们宁愿献上10万两白银表示慰劳。"

顺治帝敕谕郑成功稿

郑成功一扬眉毛，威严地说："台湾本来是我国的领土，我们收回这个地方，是理所当然的事。你们如果赖着不走，我们就坚决地把你们从这里赶出去。"

郑成功喝退荷兰使者后，又下令派兵猛攻赤嵌城。赤嵌的敌军还在负隅顽抗，以至一时攻不下来。这时一个当地人给郑成功出主意说："赤嵌城的水都是从城外高地流下来的，只要切断水源，敌人就会不攻自乱。"

郑成功接受了这个主意，切断了水源，果然不出3天，赤嵌的荷兰人便乖乖地投降了。

盘踞在台湾城的荷军企图继续顽抗，等待救兵，准备做最后的挣扎。郑成功采取了长期围困的办法逼他们投降，在围困了8个月之后，郑成功下令向台湾城发起强攻，荷军走投无路，只好扯起白旗。1662年，荷军头目到郑成功大营，在投降书上签了字，然后灰溜溜地离开了台湾。

至此，荷兰殖民主义者侵占我国台湾长达38年（从1624年到1662年）

17世纪法国绘画——崇祯皇帝自谥图

的历史宣告结束。

郑成功收复台湾后，改赤嵌城为东都明京，设一府二县，府为承天府，辖天兴、万年二县，又改台湾城为安平镇。在经济上，郑成功积极鼓励发展生产，大力推行垦荒屯田，在很短时间里，使台湾的经济迅速发展起来。

郑成功为收复台湾、建设台湾呕心沥血，积劳成疾，年仅39岁就病逝于台湾。为纪念这位民族英雄，台湾各族人民在全岛建郑成功庙五六十座，其中延平郡王祠（又叫开山王庙）最为著名。

1683年，清军进入台湾，郑成功后代归顺清朝，次年，清政府设立"台湾府"，隶属福建省，奠定了台湾为中国领土的地位。

## 五、李定国大西南抗清

在隆武帝建立政权时，当时在绍兴还有一个鲁王朱以海建立的另一个南明政权，清军先后消灭了这两个政权后，便兵分三路向大西南进攻。当时驻守在两广的明朝官员瞿式耜等在肇庆拥立桂王朱由榔即位，年号永历，历史上称他为永历帝。

1647年11月，明将何腾蛟依靠大顺军余部的力量，在全州大败清军，瞿式耜率兵在桂林也打退了清军的进攻，南明军声势大振。但是，由于永历政权内部的不团结，导致贻误战机，湖南和广西又被清军占领。过了两年，何腾蛟兵败后在湘潭被俘，惨遭杀害，瞿式耜也在桂林被清兵攻陷后就义。随后，李定国领导的大西南农民起义军，又在西南继续抗清十多年。

李定国是张献忠手下四名勇将之一，又是张献忠的义子。张献忠的义子中最大的是孙可望，李定国是老二，张献忠牺牲以后，留下五六万起义军由孙可望、李定国率领，南下贵州、云南。后来他们派人和永历帝取得了联系，一道联合抗清，永历帝封孙可望为秦王。但孙可望却不把抗清这件大事放在心上，他把永历帝牢牢控制在手里，在贵阳作威作福，独断专行。

李定国却一心准备抗清，他在云南花了一年时间训练了3万精兵，加紧制造武器盔甲，又找了一批能够驯服大象的人，组成了一支象队，经过充分准备之后，李定国出兵进攻清军，他的军队士气高涨，军纪严明，从云南、贵州一直打到湖南，连战连胜，收复了几座重镇。

接着，他又兵分三路进攻桂林。驻守桂林的清军主帅孔有德几次派兵迎战，但双方还没有交战，清军士兵就吓得四下逃散，孔有德不得不亲自带兵督阵到严关和明军对垒。李定国大军一到，前面是高大威武的象队，后面是雄气昂扬的士兵，大象阵的怒声吼叫，把清军战马吓得到处乱窜。忽然天又下起大雨，电闪雷鸣，象群趁势一冲，清军大败而逃，明军奋勇追击，杀得清军一败涂地。

孔有德撤进桂林城，紧闭城门。李定国把桂林城紧紧包围起来，日夜猛攻，明军乱箭如雨，在城墙上防守的孔有德前额中了一箭，他见大势已去，便放起一把火，投到火里自杀了。

永历帝得到李定国大胜清兵的捷报后，非常高兴，下令封李定国为西宁王，接着李定国又带兵打下永州、衡阳、长沙，逼近岳州。清廷大为震惊，连忙派亲王尼堪带兵十万反攻长沙。李定国得到这个消息，便主动撤出长沙，而在到衡阳的路上设下伏兵，准备打清军一个措手不及。尼堪亲自率兵追击，中了明军的埋伏，清军被打得落花流水，狼狈不堪，尼堪当场被明军士兵砍死。

李定国的节节胜利，引起秦王孙可望的妒忌，孙可望假意邀请李定国去共商国是，想暗中加害于他，李定国发现孙可望的诡计后，只好带兵离开湖南，回到云南。孙可望想借机提高自己的威望，亲自率军到湖南进攻清军，却打了个大败仗。

孙可望想逼永历帝退位，自己做皇帝，而要达到这个目的，一定要除掉李定国，于是就亲自带兵14万进攻云南。他没有想到，手下的将士早就恨透了他的分裂活动，双方刚开始交战，将士们便纷纷倒戈奔向李定国一边，孙军很快全军瓦解。孙可望逃回贵阳，又遭到留守贵阳将士们的一致反对，走投无路，最后逃到长沙投降了清军。

永历政权经过孙可望的叛乱投敌，力量大为削弱。1658年，清军由降将吴三桂、洪承畴等率领，分三路进攻云南、贵州。李定国令军队分三路进行阻击，均遭到失败，不得不退回昆明。永历帝听到这个消息，和几个亲信官员惊慌失措地逃往了缅甸。

永历帝逃往缅甸后，李定国继续在云南边境上不断收集人马，抗击清军，准备恢复南明政权。他接连13次派人去接永历帝回国，永历帝却不敢回来。

1661年12月，吴三桂带领10万清兵开进缅甸，强行逼迫缅甸交出永历帝，将他带回昆明，一到昆明，永历帝便被吴三桂下令勒死，最后一个南明政权到这时便彻底灭亡了。

李定国艰苦抗清十多年，最终也没有实现他的愿望，最后忧郁病死。

## 点　评

清兵入关统一中原的历史充满了征服与反征服的悲壮故事，涌现出了像史可法、郑成功、李定国这样一些高风亮节、永远光照后世的英雄先烈，同时也出现了一些像吴三桂那样的无耻败类。明王朝的腐朽没落，农民起义军的骄傲自满，缺乏政治智慧与谋略，各将领之间的不团结，各自为政，内讧不断，这些都注定了他们的最终失败。清朝虽然最终统一了中原，但明显带有一种野蛮性，没有给中国带来先进的文化和生产力，只不过又使华夏大地进入了新一轮的君主专制的轮回，最终被华夏古老的文明所同化。而同一时期，西方世界已经出现了新文明的曙光，这就为中国近代的大变革埋下了伏笔。

清人绘——多铎入南京图

# 第四章 清初三先生

在明清交替的时代，知识分子大致有这样几种表现：一种是归顺清朝，一种是与清朝采取不合作的态度，当了"隐士"，再有一种就是出于对祖国、民族深挚的爱，认真总结历史经验，整理文化遗产，探求人类的正确思想，培养一代经世致用的人才。这后一种人中出现了三位杰出的学者和思想家，他们是：黄宗羲、顾炎武和王夫之，历史上把他们合称为清初三先生。

## 一、黄宗羲与《明夷待访录》

黄宗羲（1610—1695），字太冲，号南雷，世称梨州先生，浙江余姚人。他的父亲黄尊素，是明朝一位重要的东林党人，与东林党核心人物杨涟、左光斗往来甚为密切。1626年因与宦官魏忠贤的斗争被削去御史官职，后被害死在狱中。

少年的黄宗羲听到这个消息，决心要为父亲报仇。1627年明宗去世，他的弟弟朱由检即位，改元崇祯。得到魏忠贤被崇祯帝处死的消息，黄宗羲携带利锥，星夜赶赴北京，决心找那些杀害他父亲的阉党报仇雪恨。

黄宗羲到达北京后，虽然他父亲的冤案得到昭雪，魏忠贤已被赐死，但魏忠贤的一些余党仍逍遥法外。黄宗羲上书崇祯帝，要求斩首直接杀害他父亲的凶手许显纯、崔应元和李实等人。

一天，在审堂上对质的时候，黄宗羲满腔怒火冲腾而起，手拿利锥，刺得许显纯遍体流血连喊饶命，崔应元吓得面无人色。经黄宗羲据理力争，许、崔二人被判处死刑。

当年一手捏造黄宗羲父亲罪名的李实听到这个消息，赶忙给黄宗羲送来三千两白银，希望黄宗羲对他免于追究，可是黄宗羲一点儿不为所动，再次上书崇祯帝，揭发李实的罪恶行径，最后李实也被发配充军。

黄宗羲的行动，轰动了整个京城，赢得人们的一片赞誉，连崇祯帝也夸奖他是一位"忠臣孤子"。

随后，黄宗羲回到家乡发愤读书，抄书。家乡的世学楼、澹生堂以及南中的千顷堂、绛云楼的藏书，他都认真地一一看过，在两年左右的时间里，他读完了"二十一史"，《十三朝实录》等巨著。孜孜不倦的读书生活，为他打下了坚实的学术根底，也使他更加看清了明王朝行将崩溃的政治命运。

崇祯三年，他加入了在当时社会影响最大的文人团体——复社。这是一个与奸臣党斗争的文人联合组织。黄宗羲与顾宪成之孙顾杲作为发起人，联合贴出了声讨第二个魏忠贤式的人物——阮大铖的《南都乱公揭》，一下子轰动了南京。阮大铖刚要跃跃欲试，其仿效魏忠贤的丑恶阴险的嘴脸便暴露无遗，只好躲起来，再也不敢公开活动。

崇祯死后，阮大铖的死党马士英辅佐朱由崧在南京称帝，阮大铖又出任弘光帝政权的兵部尚书。他一上台便抛出一个名叫《蝗蝻录》的黑名单，大肆捕杀东林党人和复社成员，黄宗羲不幸被捕。后因提审延期，在1645年清军攻进南京后，黄宗羲得幸逃脱出来。

这时，张国维、张煌言等在绍兴拥立鲁王朱以海坚持抗清，黄宗羲集

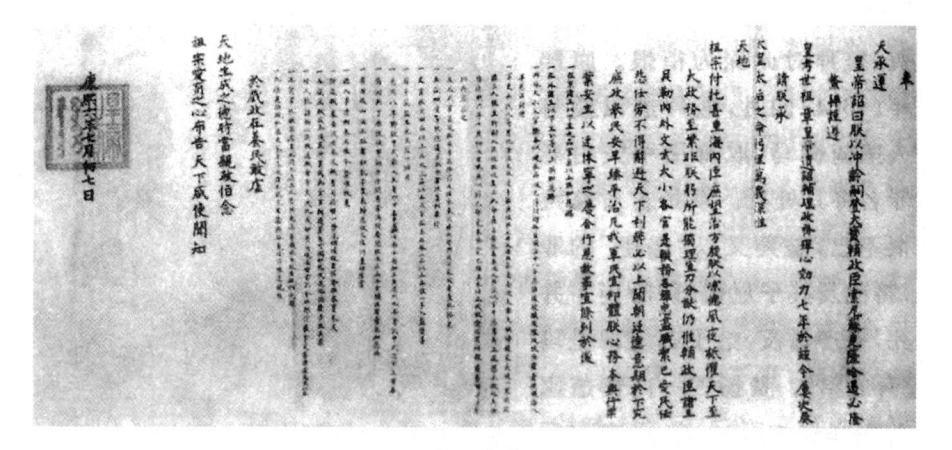

康熙手谕

合起黄竹浦子弟数百人起兵响应，他被任命为鲁王政权的监察御史，从此踏上了8年抗清的艰辛历程。鲁王政权中主持军务的孙嘉绩、熊汝霖等人是一帮没有指挥才能，更不敢率兵出击收复失地的书生，黄宗羲处处受到这帮庸人的节制操纵，不能有所作为。

1646年6月，清兵进入浙东，鲁王南逃，黄宗羲率领五百名残兵在四明山结寨固守，抵抗清兵的进攻，但终因力量单薄而被打败了。

为了躲避清朝统治者的悬赏通缉，黄宗羲置身于深山草莽之中。在食宿十分艰难的情况下，他仍然以顽强的毅力创作完成了《春秋日食历》《授时历》《故大统历》《新推交食法授时历》《西历假如》《勾股图说》《开方命算》《割圆八线解》《测圆要义》等一些天文学、数学方面的著作，为我国科技史增添了光辉的一页。

在亡命的日子里，他得知鲁王在钱塘江，曾再度投奔鲁王的帐下，但这时鲁王的政权已是晚景凄凉了，一帮愚蠢的将领左右着鲁王，黄宗羲连提一句建议的机会也没有，还留在这里干什么呢？于是他决定回乡"毕力于著述"。

1661年康熙帝即位，清朝统治已稳定下来，这一年黄宗羲也结束了武装抗清的斗争生活，从此避居乡间，专心著述。1663年，著名的《明夷待访录》问世。在这部书中，黄宗羲提出了两大著名的思想，在中国思想文化史上竖起了一座丰碑。

其一，他提出了"天下之治乱，不在一姓之兴亡，而在万民之快乐"的思想，严斥君主专制制度，书中字里行间闪烁着民主思想的光辉，该书后来成为晚清戊戌变法中维新派的有力思想武器。

其二，黄宗羲在《明夷待访录》里还提出了"工商皆本"的先进思想。中国古代社会，商人经商一直受到抑制，被认为是最低贱的行业，致使中国古代社会一直处于小农经济的状态，社会发展缓慢。黄宗羲敢于向传统的愚昧专制思想挑战，这在当时是需要相当大的魄力和远见卓识的。

1665年，黄宗羲收徒讲学，后来成为著名学者的万斯大、万斯同等人都出于他的门下，1667年他又恢复了他的教师刘宗同创办的证人书院。

黄宗羲讲学注重教给学生做学问的途径和方法，强调读书必须实用。他教学的内容，除了经、史、子、集外，还有历法、天文、数学等自然科学，他深受学生们的欢迎，在二十几年的时间里，有一百多人拜他为师。这时，他已是一个学生满天下的学者了。

1678年，康熙为了笼络汉族人才，开博学鸿辞科取士，命令三品以上的中央和地方官吏推荐人才。掌院学士叶方蔼向康熙推荐了黄宗羲，但被黄宗羲婉言辞谢了。两年后，清政府聘请他任《明史》编修的顾问，他以气节为重，再次力辞。康熙没有勉强，只是要求他把所写的有关历史方面的著作全都抄送入京。

虽然黄宗羲没有直接参与《明史》的修撰，但《明史》的修成，也凝聚了他许多心血。比如《历志》，虽不是他执笔，却是经过他的审阅才定稿的。另外，他让自己的儿子黄白家参加了史局。

1676年他完成了另一部重要著作《明儒学案》，在这部著作中，他把明代200多位学者的著作系统排比，阐明每个学者的学术渊源，学说宗旨及演变。评论公正，分析深刻，在中国历史上还是首创。晚年他又完成了《宋元学案》，使700年间儒苑门户一目了然，在中国学术史上是一个杰出的贡献。

黄宗羲晚年仍然非常勤奋，每天读书不完成规定的卷数绝不休息，他以84岁的高龄编撰了482卷的《明文海》这部巨著。

1695年，黄宗羲与世长辞。死前他留遗嘱，要求家人在他死后"于次日安葬，殓以时服，一被一褥，安放石床，不用棺椁，不作佛事，不做七七，凡鼓吹巫觋旌幡纸钱一概不用"。

这是对当时盛行的佛教唯心主义思想最大的轻蔑，也是他唯物主义认识观的彻底表现，他以特有的铮铮风骨、昂扬的战斗性格、博大精深的学术思想为自己的一生做了很好的总结。

清人绘——《插秧图》

## 二、顾炎武与《日知录》

顾炎武（1613—1682），江苏昆山人。出身江南大族，他父亲是个很有见识的人，认为读书一定要研究实际。顾炎武受祖父的影响，从小就喜欢读《资治通鉴》《史记》和《孙子兵法》等书，十分关心时事。后来他参加科举，没有考中，就干脆放弃了科举，转为通读历史典籍，研究全国各地的地理和历代名人奏章，开始编写一本重要的历史地理著作《天下郡国利病书》。

正当他用心治学的时候，明朝灭亡，清兵南下，江南各地人民纷纷起来组织抗清斗争。顾炎武和他的两位好友也参加了保卫昆山的战斗，昆山军民在跟清兵激战21天后，终因寡不敌众而失败，昆山城陷落的时候，顾炎武的生母被清兵砍断了右臂。抚养他成长的婶母（也是他的继母）听到清兵破城，就绝食自杀了，临死前嘱咐顾炎武誓死不受清朝俸禄，说完闭上了眼睛。

顾炎武安葬了继母，准备离开家乡投奔鲁王，但还没有动身，鲁王政权就已经覆灭了。后来顾炎武隐姓埋名，在长江南北一带奔走，想组织一支抗清的队伍，但终因势单力孤，没有成功。

当时，沿海和太湖一带还有零星的抗清活动，清朝官府防备很严，如果发现有抗清嫌疑的人，就要加上"通海"的罪名打进监狱。

昆山有个地主叫叶方恒，想吞没顾炎武家的田地，就买通顾家的仆人，举报顾炎武"通海"，顾炎武于是被清政府抓进了监狱。一些朋友为了搭救他，去找在朝廷做官的钱谦益帮忙。钱谦益本来是南明弘光政权的礼部尚书，又是个出名的文学家。清兵南下时，他投降了清朝，名声不好。

对于顾炎武的难处，钱谦益表示，只要顾炎武承认是他的学生，就愿意保他出来。那位朋友知道顾炎武是不会这样做的，于是就自作主张，假造了一张顾炎武的名帖，送给钱谦益求助。这件事后来让顾炎武知道了，直怪那朋友多事，非要把名帖讨回不可，朋友不肯，顾炎武就索性在大街上贴告示表白，声明那张名帖是假的，弄得钱谦益十分尴尬。

经过朋友们的多方奔走，顾炎武才被释放出来。但叶方恒还不肯罢休，派人追踪他。有一天，顾炎武在南京太平门外经过，遭到暴徒袭击，头部受重伤，幸亏有好心人救护，才脱离危险。顾炎武知道，自己在江南待不下去了，于是决定到北方去游历。他去北方游历有两个目的，一是想考察各地的地理形势，风俗民情；二是想找机会结交一些志同道合的朋友，进行抗清活动。

顾炎武在长途跋涉的艰苦环境中，仍没有放弃学术研究，一路上，他用两匹马、四匹骡子驮着他的书籍，遇到关塞险要的地方，他就访问当地的退伍老兵，了解那里的风土人情，如果跟他在书本上读到的不一样，就拿出书本核对，这样，他的知识就更加丰富充实了。

顾炎武从45岁起，用了20多年时间，在山东、山西、河北、江南各地来回奔走。他把一腔的苦闷倾注于学术研究中。旅途上，手不释卷，在马背上展卷低吟；旅馆中挑灯圈点，勘察地形，寻找地名的沿革。其间，他完成了《营平二州史事》《山东考古录》《冒平山水记》等一批重要著作。

晚年，他在陕西华阴定居下来。顾炎武读书从小就有个习惯，有一点心得就用纸笔记下来，后来如果发现错误，又随时修改，发现与古人议论重复的，就删除去掉，这样日积月累，再加上他从调查访问得到的材料，编成了一本涉及政治、经济、史地、文艺等内容极其广泛的书，叫作《日知录》。

这部书被公认为是极有学术价值的著作，在《日知录》里，他提出了"天下兴亡，匹夫有责"的重要思想，认为社会的道德风气败坏，就是亡天下；为了保天下不亡，每一个地位低微的普通人，都应负起责任。

1679年，康熙命大学士熊赐履主持明史馆修撰《明史》。顾炎武谙熟明史，这是尽人皆知的事情。熊赐履自知很难胜任，便请顾炎武的外甥清朝重臣徐学乾从中斡旋，聘请顾炎武入馆给予襄助。顾炎武不给任何人情面，再一次坚辞拒绝，非但自己不参加，而且规劝熊赐履也不要做这种违心的屈笔之作。

在康熙开设"博学鸿辞科"时，有人想推荐他应召博学鸿辞科，他写信回答说："我这个七十岁的老翁还巴望什么呢？唯一的就是一死，如果一定要逼我应召，我只能一死了之。"

1682年正月初八，在山西曲沃，顾炎武在上马时失足跌落下来，次日凌晨，这位杰出的学者辞世了，他简单的行囊中除了未完成的手稿，没有留下任何其他东西。

顾炎武是一位主张"经世致用"的思想家，他是一位伟大的诗人、历史学家、语言学家、音韵学家，又是一位具有浓厚唯物主义倾向的哲学家。他一生著作宏富，为我们留下了许多宝贵遗产，《日知录》和《天下郡国利病书》早已脍炙人口。他倡导的力戒空疏，注重实用的学风对后世产生了深远的影响。

## 三、王夫之与《船山遗书》

王夫之（1619—1692），清初著名的思想家、文学家，字而农，号姜斋、夕堂，别号双髻外史、一瓢道人，更名壶，湖南衡阳人。

崇祯十五年（1642年），王夫之曾中举人。明亡后，他在衡山举义兵抗清。兵败后退居肇庆，任南明永历政权行人司行人，后隐退，辗转于湖南、广东一带，最后居住在衡阳的石船山，从事著述，学者称为船山先生。

王夫之对经、史、诗、文、词都有很深的造诣，论诗强调"以意为主"，反对"求形模，求比拟，求词采，求故实""立门庭与依旁门庭"。在艺术上，强调情与景在"神理凑合时自然拾得"。文兼擅骚、赋、骈、散，不染明代七子摹仿，公安浮滑，竟陵纤仄之习。词芳菲缠绵，风格遒劲，往往冲破音律限制。

王夫之的哲学思想自成体系，他批判了"万法唯心""有生于无"以及程朱"理在器先""心外无物"的观点，提出了"虚空皆器""理在器中"，肯定"天下唯器而已""无其器则无道"，具有朴素的唯物主义思想。

王夫之一生著作有100多种，后人合编为《船山遗书》，其中主要有《姜斋文集》《姜斋诗集》《鼓棹初二集》《萧湘怨词》《周易外传》《老子衍》《庄子通》《读通鉴论》等。

### 点　评

清初三先生的学术思想，使当时中国思想文化较之过去有了很大的进步，特别是黄宗羲的"民主""工商皆本"思想，顾炎武的"塑造国民性"思想更具有划时代的意义。但是，由于清朝统治者是从一种相对落后的文明之地入主中原文化发达地区，中国已经腐朽的君主专制思想对他们来说，还是新事物。因此，这些对君主专制进行批判、超越的思想只能被打入了冷宫。这样的文化悲剧在300年以后的今天，才叫人体会到了它们对于我们民族文化发展的延滞，实在令人哀叹。

鼻烟壶

# 第五章 康熙大帝开创盛世

康熙曾经对自己怎样管理朝政概述说:"欲致海宇升平,人民乐业,孜孜汲汲,小心谨慎,夙夜不遑,未尝稍懈。"

这是非常真实的,正是因为他一生勤勉,从而在文治武功方面建树了辉煌的业绩,成为清朝"康乾盛世"的开创者,被誉为清代最英明的君主,也是我国古代最杰出的帝王之一。

## 一、卓越不凡的少年天子

康熙帝,姓爱新觉罗,名玄烨,生于顺治十一年(1654年)。8岁时,其父顺治帝福临去世,而后他继承皇位,第二年改年号为康熙。康熙二字,康,安宁;熙,兴盛——取万民康宁,天下熙盛的意思。

康熙登基时,由于年幼,祖母太皇太后给他配备了辅政大臣。为了避免出现顺治初年摄政王多尔衮擅权独断的局面,决定不再由皇族宗室中的长辈摄政,而是从异姓功臣中选拔了四位辅政大臣,以便相互制约,同时由皇族宗亲勋贵对辅政大臣实行监督,再由太皇太后对军国大政进行总裁。这样,康熙即位后,内有祖母太皇太后孝庄懿训,外有索尼、苏克萨哈、遏必隆、鳌拜四大臣辅政。四大臣辅政之初,尚不能结党羽,和衷共济,实践他们在顺治皇帝灵位前的誓言,但后来逐渐形成四大辅政大臣互相残杀,鳌拜结党营私、独揽大权、欺凌幼主的局面。

鳌拜首先拿苏克萨哈开刀。顺治初年,摄政王多尔衮利用权势,曾将原定圈给镶黄旗遏必隆、鳌拜所在的永平府一带的好地让给正白旗,而把河间府一带的次地给镶黄旗。这件事当时曾引起一场风波,但事过20多年,旗民各安生业,旧怨也已淡忘,鳌拜却旧事重提,让正白旗与镶黄旗互换土地,以讨好自己和遏必隆所在的镶黄旗,进而打击苏克萨哈所在的正白旗。

这件事马上引起朝野上下的普遍反对,正白旗的人告到户部。大学士、户部尚书苏纳海认为此举不可,直隶总督朱昌祚以此举会造成数十万失业者而抗疏,称其不便,保定巡抚王登联以圈地扰民而疏请停止互换土地的举措。鳌拜矫诏将这三位大臣谋杀,借机又一连七日强奏矫旨,将辅政大臣苏克萨哈及其子孙全部处死,并抄没家产。鳌拜肆无忌惮,专横跋扈,一些重大朝政,在家中议定后便施行,不把少年天子玄烨放在眼里。

康熙戎装像

鳌拜目无君主,举朝震惊。康熙帝虽然内心对鳌拜极为不满,在表面上却不露出来。

康熙六年(1667年),玄烨14岁,辅政大臣索尼援引顺治帝福临14岁亲政的祖制,疏请康熙帝亲政。康熙在征得祖母同意后,允索尼所奏,开始亲政,而这时索尼去世,鳌拜成为首席辅政大臣。鳌拜与遏必隆同族结党,镶黄旗独掌朝政,更加飞扬跋扈。康熙同祖母密商后,决定铲除鳌拜。

但鳌拜为三朝勋臣，握有重兵，遍置党羽，不便轻易动手。于是玄烨每日佯装与一群少年侍卫练习摔跤，嬉戏玩耍，从来不过问朝政。一天，鳌拜仍大摇大摆地走入皇宫时，玄烨突然命少年侍卫一拥而上，把鳌拜结结实实地捆了起来，然后，宣布了鳌拜的三十大罪行。但康熙对鳌拜做出了宽大处理，免于死罪，只把这个老奸巨猾的权臣终身监禁了起来，随后对遏必隆也革去太师之职，但保留了其公爵爵位。

这样处理，康熙不仅一举清除了鳌拜及其同党，而且稳住了镶黄旗。当时，康熙帝年仅14岁，如此部署周密，沉着机智，处理得当，不失分寸，已初步展示了其卓越不凡的政治家风范和谋略。此后，康熙帝革除旧制，施行新政，勤于国事，好学不倦，御敌入侵，统一山海，重农治河，提倡文教，开创了"康乾盛世"的大好局面。

## 二、康熙的八大贡献

纵观康熙一生对中华民族和世界文明的贡献，主要有八点。

（一）削平三藩，巩固统一

康熙十二年（1673年），20岁的玄烨开始了平定三藩叛乱的斗争。

三藩是指三个降清的明将：平西王吴三桂，坐镇云南；平南王尚可喜，坐镇广东；靖南王耿继茂，坐镇福建。这三藩占据要地，拥兵自重，成为清初的三个地方割据势力，其中以吴三桂实力最强。从顺治朝开始，清廷的军费开支浩大，每年入不敷出。以顺治十七年（1660年）为例，国家正赋收入银875万两，而云南一省就要支出银900多万两。尽全国财力，也不足一藩之需求，到康熙初年，这种财政困难仍未见好转。平西王吴三桂圈占土地，掠夺人口，还自行选派官员，由此，除去鳌拜后，三藩成了康熙最大的心病。

在这一年，尚可喜上书想归老辽东，以其子尚之信袭爵，留在广东。康熙帝批准尚可喜告老还乡，但不让他儿子接替平南王爵位，这一来触动了吴三桂、耿精忠（耿继茂之子）。他们也上书告老，假惺惺地主动提出撤除藩王爵位，以试探朝廷。康熙于是抓住时机，决定三藩俱撤。当时，朝廷上下主张不可撤藩的占绝大多数，认为撤藩将促使三藩反叛，支持撤藩的只有兵部尚书明珠、户部尚书米思翰等少数官员。年轻的康熙帝力排众议说："三桂等蓄谋已久，不早除之，将养成患，今日撤亦反，不撤亦反，不如先发制人。"

果然，吴三桂见偷鸡不成，首先公开举起叛旗，耿精忠、尚之信等也纷纷啸众而起。随即，东南西北，一石激起千层浪。京城里有杨起隆举事，察哈尔有阿尔尼叛乱，京师又发生地震，太和殿又失火，康熙爱后赫舍里也因病突然崩逝。朝里与朝外，外叛与内变，天灾与人祸，一齐击到青年天子的身上。一时间人心惶惶，京师不少官员甚至把家眷送归了老家乡里。

沉着冷静是杰出政治家的基本素质，康熙帝在危急时刻，坚持镇定，心静不慌，原来主张不可撤藩的大臣索额图等提出要处斩建议撤藩的大臣，康熙帝义正词严地说："撤藩是朕的主意，他们何罪之有？"

这就坚定了平叛大臣的决心。康熙帝首先下诏削去了吴三桂的官爵，公布其罪状，不久又将留居京城的吴三桂的儿子吴应熊、孙子吴世霖等逮捕处死。进而一方面调兵遣将，集中兵力讨伐镇压吴三桂，另一方面又下令停止撤销尚之信、耿精忠的藩王称号，以便把他们稳住，尚之信、耿精忠一看形势对吴三桂极为不利，便带兵投降了。

吴三桂开始还打了一些胜仗，后来清兵越来越多，越打越强，吴三桂渐渐支撑不下去了，最后连悔带恨，生了一场大病后就断了气。吴三桂死后，其孙吴世璠继续领兵造反。康熙二十年（1681年），清军分三路攻进云南昆明，吴世璠自杀而死。

这样，经过8年的平叛战争，康熙终于取得了削平三藩的胜利，统一了南方。

（二）澎湖海战，统一台湾

早在康熙元年五月郑成功病逝，其弟郑世袭与其子郑经为争继承权火拼的时候，清廷就派人招抚过郑经，但未成功。不过与此同时，清廷派兵相继收复了厦门、金门等郑氏控制的沿海五省主要据点。康熙六年和八年，清廷又派官员赴台招抚，均遭拒绝。郑经企图继续割据独立，要求像朝鲜、琉球一样保持藩属关系，结果这些谈判不能进行下去。康熙认为台湾皆闽人，不能和其他地区相比，坚决不许台湾被分裂出去，这显示出康熙在政治上的高瞻远瞩和雄才大略。三藩之乱，郑经乘机出兵攻占福建、广东沿海七府，但清廷仍将他与三藩区别对待，命前线指挥官对耿精忠宜用剿，而对郑经则用抚，并对招抚的条件做出重大让步。

当招抚再次遭到拒绝后，清廷便将招抚重点转向郑氏部属，正式提出"招抚条例十款"，并在漳州设"修来馆"，对投降官兵实行厚礼款待，给予高官厚禄等优待政策，结果郑军中的投诚者接踵而来。康熙十九年，仅郑氏部将朱天贵一人，就率所部两万余人和300余艘船来降，为清军建立强大的水师奠定了基础。随后清军乘势收复东南沿海诸岛，使郑氏失去进攻大陆的前沿基地，并逐步掌握了统一台湾的战略主动权。

康熙二十年（1681年）四月，郑经病逝，其内部又发生争位冲突。权臣冯锡范等杀害了郑经长子郑克臧，立次子克塽继位，台湾内部政局一片混乱。康熙帝认为武力攻台的时机已经成熟，于同年六月下达了攻取澎湖、台湾的命令。接着，又力排众议任命原郑成功部将施琅为福建水师提督，与福建总督姚启圣共同筹划攻取澎、台的方略。到康熙二十一年（1682年）夏，进军的准备工作已基本就绪，但在如何攻取台湾的方式上，姚启圣与施琅发生了争执，姚启圣主张等候北风，直取台湾，然后再取澎湖；施琅则主张乘南风先取澎湖，夺其门户，使台湾不攻自破。双方争执不下，施琅密奏康熙帝，请求给予专征之权，康熙帝知道施琅有海上作战经验，为避免姚施二人相互掣肘，决定令施琅一人独掌专征台湾的指挥权，令姚启圣负责粮饷。

郑军得知施琅征台的消息，非常紧张。这时破获了清军间谍所写关于澎湖防备情况的密信，知道了清攻台的重点。于是命大将刘国轩为总督，率大小战船200余艘，水步兵2万余人，守卫澎湖，郑军在娘妈宫、四角山、中心湾、鸡笼屿等处修筑炮台，凡小船可登陆处，皆筑矮墙，分兵把守。刘国轩将座船停泊于中心湾，指挥作战。

康熙二十二年（1683年）六月十四日，施琅率各种战船230余艘，官兵2万多人，由铜山直扑澎湖。刘国轩原以为澎湖列岛防御坚固，6月份又是台风多发季节，施琅不会贸然出兵。因此，当十五日清兵水师突然出现在澎湖海域时，刘国轩惊慌不已，急令各岛守军严加防御。次日，施琅率水师进攻澎湖，郑军列船应战，激战中，双方开始不分胜负，后来落潮时，施琅座船搁浅，郑军乘机集中炮火向施琅座船猛轰，施琅右腿被击伤，清军旗舰遇险，余船合力进前打退围攻，救出施琅。傍晚，清军撤出战斗，退泊西屿头。第二天，施琅总结了昨日海战失败的教训，根据郑军船少、清军船多的特点，制订出五船结为一队、围攻敌一船的"五梅花"战术。十八日，清军攻取了虎井、盘桶屿，随后又以老弱骄兵之计，小船队佯攻澎湖内外堑，以分郑军兵势。

二十二日，清军强攻澎湖本岛，与郑军在澎湖海域进行了空前规模的海战。施琅将部队分为三路，命陈蟒率50艘战船组成左路船队，自己率战船136艘组成中路船队，直攻娘妈宫炮垒。清将林贤、朱天贵率先冲入敌阵，各船也争相靠近敌船，然后以"五梅花"战术，五艘战船围攻敌一艘战船，澎湖海面炮火矢石如雨，烟火蔽天。战至下午，南风大作，清军处于上风，各船扬帆疾进，分割围歼敌船，锐不可当。经过一整天的激战，清军大胜，共击毁郑军大小战船190艘，歼敌1.7万余人，而清军仅亡329人，伤1800余人。刘国轩见大势已去，率残部逃回台湾，自此郑军主力全部覆没。

郑克塽见澎湖失守，精锐丧尽，无力抵御清军，只得遣使赴澎湖请降，八月十一日，施琅率军到台湾受降。康熙统一台湾后，又开府设县，加强了中央对台湾的管辖，促进了台湾经济文化的发展。

### （三）雅克萨之战和《尼布楚条约》

清军入关后，黑龙江一带屡遭沙皇俄国的侵扰。当时清政府忙于攻取江南、平定三藩、收复台湾等，无暇顾及东北黑龙江一带，给沙俄入侵造成了可乘之机，致使沙俄先后占据雅克萨、尼布楚等地。沙俄政府在这些地方修建碉堡，建立殖民地，强征当地居民的赋税，甚至向清朝发布外交文书，要清朝皇帝向他们称臣，无理要求中国每年向沙俄进贡白银4万两和丝绸等物品，这一切都遭到了康熙帝的严词拒绝。沙俄于是又增兵雅克萨，修筑更多的堡垒据点，并扩大侵略范围。

三藩平定后，国内政局基本安定。康熙帝认为应适时出兵黑龙江，给沙俄侵略者以应有的回击，以保卫国家的领土主权不受侵犯。康熙二十一年（1682年），康熙帝趁回盛京沈阳拜谒太祖、太宗陵寝之机，亲自到边境调查情况。他乘船沿松花江北行，询问由黑龙江逃回来的百姓，打听那里的情况。听到百姓对沙俄的愤怒与咒骂之声，康熙知道民心思归，不为沙俄所用，意识到这是击败沙俄、保卫边境的有力保证。

回京后，为了更好地掌握沙俄的实际情况，康熙帝又派都统郎坦率领几百名健卒，化装成猎人，深入雅克萨一带侦察敌情，勘察地形交通。经过一个多月的侦察，郎坦取得了可靠的信息，绘制了地形图回到北京。

为了永保边境的长治久安，康熙认为必须在边境建城驻兵，屯田开荒，修筑水路公路，以加强同内地的联系，这样才能从根本上加强边境地区的防御能力。康熙二十二年（1683年），康熙帝派兵驻守瑷珲等地，任命萨布素为黑龙江将军，派户部尚书伊桑阿到吉林督造船只，修通水路，扩建陆路，使边境与北京的联系几天之内就可以通达。康熙帝还谆谆告诫萨布素，要关心和保护好边民，加强军民团结。

经过两年的准备，康熙二十四年（1685年），康熙帝派彭春为都统，率领陆军水军15000人，浩浩荡荡开到雅克萨城下，把雅克萨围了起来，沙俄军队经过几年的准备，已经把城堡修得十分牢固。彭春观察了地形之后，在城南筑起土山，让兵士站到土山上往城里射箭。城里的俄军以为清兵要在城南进攻，就把兵力移到城南，哪知清军却在城北隐蔽地方安置了火炮，趁城北敌人防守空虚，突然轰起炮来，炮弹在城头呼啸着飞向城里，敌人的城楼被炮弹击中，燃起了大火。第二天清晨，清军又在城下堆起柴草，准备放火烧城，俄军头目吓得慌了神，在城头扯起了白旗投降。

攻下雅克萨后，康熙帝告诫萨布素要警惕沙俄军队卷土重来。果然，沙俄军后来探听到清军拆了雅克萨城堡后便回到瑷珲城的消息，马上又回到雅克萨，把城堡修筑得更加坚固。

于是康熙命令萨布素率军第二次进攻雅克萨。这次战斗进行得十分激烈，战争持续了三个月，最后沙俄头子托尔布被击毙，俄军士兵死亡百分之九十，清军重新夺回了雅克萨。

随后，康熙致书沙皇，提出通过谈判解决边界问题，沙皇因两次受挫，看到想用武力霸占黑龙江流域毫无希望，只好答应谈判。谈判中，沙皇代表果洛文使出浑身解数，耍尽了无赖手法，清朝代表索额图义正词严不卑不亢。最后，果洛文害怕再赖下去将失去在黑龙江一带的所有地方，只好接受了中国代表的方案。

康熙二十八年（1689年）七月二十四日，中俄双方在尼布楚签订了

《中俄尼布楚条约》，划分了两国边界，肯定了黑龙江和乌苏里江流域的广大地区都是中国领土，这是中国历史上同外国签订的第一个正式条约。

（四）康熙定藏

西藏自唐朝时就与中原关系密切，作为附属国的西藏与内地年年来往，互通婚姻，到元明时期已成为中国的一个行政区。清初时，漠西蒙古的和硕特部顾实汗迁往青海并与达赖五世、班禅四世建立友好关系。他们对统治西藏的藏巴汗不满，由顾实汗出兵，杀死藏巴汗后与达赖、班禅共管西藏。

不久，顾实汗病逝，达赖五世也圆寂，大权落入第巴桑结手中，他想立自己心中的达赖六世，便对达赖五世的圆寂密而不报，这引起了对第巴桑结不满的拉藏汗的气愤，拉藏汗把此事上报了清廷，第巴桑结非常恐慌，结果事发，竟被拉藏汗所杀。拉藏汗掌权后，首先把第巴桑结所立的达赖六世押往北京，请清廷处置，结果在北去的途中达赖六世病死了。拉

康熙——石刻耕织图

藏汗想立一个自己心中的达赖七世，但青海方面也立了一个达赖七世，双方互不相让，纷纷指责对方是假的。康熙帝为慎重起见，特派侍郎赫寿去协助拉藏汗处理此事。

过了几年，双方又上奏康熙帝，都要求自己的达赖坐床。为免出意外，康熙帝让青海的达赖到北京，但青海不答应，不顾拉藏汗的反对，擅自让自己选的达赖坐床。由于达赖真假之争，双方矛盾越来越大，这就给准噶尔部的策旺阿拉布造反造成了可乘之机。

康熙五十五年（1716年）冬，策旺阿拉布出兵西藏，两军相战两月之久，拉藏汗兵败被杀，策旺阿拉布占领布达拉宫，大肆抢劫，连寺庙也没能幸免。

康熙帝得知策旺阿拉布进兵西藏的消息后，十分震惊，为维护国家的统一，安定西藏社会秩序，消灭策旺阿拉布，康熙帝排除主和派的意见，下诏封青海达赖为七世达赖，废除拉藏汗所立的七世达赖，并命第十四皇子胤祯为抚远大将军，出征西藏。清军将领延信带大队人马迎头痛击了策旺阿拉布的军队。前有强大清军的围剿，后有藏民及喇嘛兵的袭击，首尾不能相顾的策旺阿拉布的军队很快被清军击败，逃回伊犁，后又归顺了清朝。

清军击败策旺阿拉布后，进入西藏，安定社会秩序，又将达赖七世从青海接到西藏，重新举行了隆重的坐床仪式，成千上万的喇嘛藏民拥到布达拉宫，朝拜七世达赖，延信当众宣读皇帝诏书，诏书中规定，西藏从此政教合一，由达赖和班禅统一管理，达赖负责前藏，班禅负责后藏。从此，中国西南出现了一个长期稳定的局面。

## （五）三征噶尔丹，善治蒙古

《中俄尼布楚条约》签订后的第二年，沙俄政府又唆使准噶尔部的首领噶尔丹进攻漠北蒙古。当时，除漠南蒙古早已归属清朝外，漠北和漠西蒙古也都臣服了清朝。准噶尔部族是漠西蒙古的一支，本在伊犁一带过着游牧生活，噶尔丹统治准噶尔部以后，又野心勃勃地兼并了漠西蒙古的其他部落，接着又向东进攻漠北蒙古。

漠北蒙古抵抗一阵失败了，几十万漠北蒙古人逃到漠南，请求清政府给予保护，康熙帝派使者到噶尔丹那里，叫他把侵占的地方还给漠北蒙古，噶尔丹以为有沙俄在背后撑腰，十分骄横，不但不肯退兵，还以追击漠北蒙古为名，大举进攻漠南，气焰十分嚣张。

为了维护祖国的统一和民族的和睦，康熙帝决定亲征噶尔丹。1690年，康熙帝兵分两路，左路由抚远大将军福全率领，出古北口；右路由安北大将军常宁率领，出喜峰口；康熙帝自己带兵坐镇指挥。右路清军先接触到噶尔丹军，经过激烈交战，打了败仗，康熙帝又命令左路军福全进行全力反击。

噶尔丹把几万骑兵集中在大红山下，那里地形复杂，后有树木掩护，前有河流阻挡，他又把上万头骆驼绑住四脚，使它们躺在地上，再在驼背上加上箱子，用毡毯裹住，摆成长长的一个驼城。叛军躲在箱子后面射箭放枪，阻止清军进攻。

但清军用炮火很快就把驼城打开了一个缺口，然后步兵、骑兵一起冲杀过去，福全又带兵绕到山后对其进行前后夹击，直把叛军杀得七零八落，溃不成军。噶尔丹一看形势不利，就赶快派个喇嘛到清营求和，自己带领残兵到漠北去了。

回到漠北以后，噶尔丹表面向清政府表示屈服归顺，暗地里却又重新招兵买马，准备伺机反扑。1694年，康熙帝让噶尔丹前来会见，准备订立盟约。出乎意料的是，噶尔丹不但不来，还暗地派人到漠南煽动叛乱，四处扬言自己已经向沙俄政府借到鸟枪兵六万，将大举进攻清朝，推翻其统治。内蒙古各部亲王纷纷向康熙帝揭露告发。

1696年，康熙帝忍无可忍，决定第二次御驾亲征。清军兵分三路，黑龙江将军萨布素从东路进兵；大将军飞扬古率陕西、甘肃的兵，从西路出兵，截击噶尔丹的后路；康熙帝自带中路军，从独石口出发。三路军约定同时夹攻。康熙帝的中路军率先到达科图，遇到了敌军前锋。噶尔丹在山头上看见清军黄旗飘扬，军容整齐，吓得连夜拔营撤退。

康熙帝一面派兵在后面紧紧追击，一面通知西路军飞扬古在半路上截击叛军。噶尔丹带兵逃到昭莫多（今蒙古乌兰巴托东南），昭莫多原是一片大树林，前面有一个很大的开阔地带，历来是漠北重要战场。飞扬古在小山的树林茂密处设下埋伏，派四百人诱战，边战边退，把叛军引到事先

拉萨图

埋伏好的地方。随着一声号角，清军从山上向叛军发起进攻，飞扬古又派一支人马在山下袭击叛军辎重，进行前后夹击。叛军被打得惨败。最后，噶尔丹只带了几十名骑兵逃出。

隔了一年，康熙又带兵渡过黄河第三次亲征。这时，噶尔丹原来的根据地伊犁已经被他侄儿策旺阿拉布占领，他的左右亲信听说清军来到，也都纷纷投降，并表示愿意做清军的向导，噶尔丹见此时自己已是众叛亲离，走投无路，只好服毒自杀。至此，历时13年的噶尔丹之乱被彻底平定，清政府重新控制了阿尔泰山以东的漠北蒙古，并编喀尔喀蒙古为49旗，给当地蒙古贵族各种封号和官职，同时又在乌里雅苏台设立将军，统辖漠北蒙古，实行有效管理。从秦、汉的匈奴到明朝的蒙古民族难题，终于为康熙所解决。对此康熙说："昔秦兴土石之工，修筑长城。我朝施恩于喀尔喀，使之防备朔方，较长城更为坚固。"这句话，很值得国人回味。

（六）重农治河，兴修水利

清军入关后最大的弊政莫过于圈占土地，跑马占田，任意圈夺，顺治帝曾下令禁止，但禁而不止。康熙帝下令，停止圈地，招徕垦荒，恢复生产。

为了促进农业生产，康熙帝六次南巡，治理黄河、淮河、运河、永定河，并兴修水利，取得很大成绩。

## （七）移天缩地，兴建园林

康熙先后修建了畅春园、承德避暑山庄、木兰围场等皇家园林，而后乾隆又大兴"三山五园"，兴建了香山静宜园、玉泉山静明园、万寿山清漪园（后改为颐和园）和圆明园，将中国园林艺术推向了高峰。特别是康熙修建的承德避暑山庄和木兰围场，将复杂的政治目的和军事意义以及保持王公大臣们勇猛、强悍人生风范的教育机制转化为一片幽静闲适的园林，更是古今中外园林建设的稀世奇葩。

康熙经常骑着马在中国北方的山林草泽间徘徊，这是他祖辈崛起的所在，他在寻找着自己生命和事业的依托点，他每次都要经过长城，长城多年失修，已经破败不堪。看着这片受到中国历代帝王十分关心的城墙，他想了很多，他的祖辈是攻破长城进来的，没有吴三桂也绝对进得来，那么长城究竟有什么用呢？偌大的一个国家，难道就靠这些砖块去保卫？但是，如果没有长城，中原的防线又在哪里呢？康熙帝经过谨慎思考，得出了以下结论：

秦筑长城以来，汉、唐、宋、明亦常修理，其时岂无边患？明末，我太祖统大兵长驱直入，诸路瓦解，皆莫能当。现守国之道，惟在修德安民。民心悦则邦本得，而边境自固，所谓"众志成城"者是也。

这话说得很有道理。康熙希望能筑起一条无形的长城，为此，他来了个硬的一手和软的一手。硬的一手是在长城外设立"木兰围场"，每年秋天，由皇帝亲自率领王公大臣，各级官兵一万余人去进行大规模的"围猎"，这实际上是一种声势浩大的军事演习，既可以使王公大臣们保持住勇猛、强悍的人生风范，又可顺便对北方边境起一个威胁作用。软的一手是与北方边疆的各少数民族建立一种常来常往的友好关系，他们的首领不必长途进京就有与清廷进行各种交谊的机会和场所，而且还为他们准备了各自的宗教场所，这就是热河行宫和它周边的寺庙群，也就是今天的承德避暑山庄及外八庙。

总之，软硬两手最后都会集到了这一片园林、这一个山庄里来了。说是避暑、说是休息，意义却又远远不止于此，把复杂的政治目的和军事意义转化为一片幽静闲适的园林、一圈香火缭绕的寺庙，这就是康熙大帝超越秦、汉、唐、宋帝王的高超政治智慧。

（八）兴文重教，编修典籍

康熙是中国历代帝王中特别有学问，也特别重视学问的一位，这一点把当时一大群冷眼旁观不与清朝合作的汉族知识分子震动了，也感动了。

谁能想到呢？这位清代帝王竟然比明朝历代皇帝更热爱和精通汉族传统文化，大凡经、史、子、集、诗、书、音律，他都下过一番功夫，他不仅主持修《明史》，还亲自批点《资治通鉴纲目大全》，对朱熹哲学钻研很深，常与一些著名的理学家进行水平不低的学术探讨，并命他们编纂了《朱子大全》《性理精义》等著作。他下令访求遗散在民间的善本珍籍加以整理，并且大规模地组织人力编辑出版了卷帙浩繁的《古今图书集成》《康熙字典》《佩文韵府》《大清会典》《律历渊源》《全唐诗》《清文鉴》（满文字书），文化气魄铺天盖地。直到今天，我们研究中国古代文化还离不开这些极其重要的工具书。他派人通过对全国土地的实际测量，编成了全国地图《皇舆全览图》。在他倡导的文化气氛下，涌现了一大批在整个中国文化史上都可以称得上第一流大师的人文科学家，在这一点上，很少有朝代能与康熙朝相比肩。

以上还只是"国学"，更让现代读者惊异的是他的"西学"。因为即使到了现代，在人们印象中，国学和西学虽然可以沟通，但在同一个人身上深谙两者的毕竟不多，尤其对一些官员来说，更是如此，然而早在三百年前，康熙就做到了这一点。

康熙对医学很有兴趣、也很有研究，他命耶稣传教士巴多明将西洋《人体解剖学》翻译成满文、汉文。他曾命人将一只冬眠的熊进行解剖，并亲自参加。

康熙喜爱研习自然科学，他学习和研究自然科学的一个原因，是曾经因为不懂自然科学而在处理政事时遇到困难。钦天监杨光先状告汤若望，于是朝廷会议展开了一场关于天算功法的大争论。当时，康熙命各位大臣在午门前观测日影，但在九卿中没有一个懂天文历法的，康熙自己也不懂。于是他想：自己不懂，怎么能判断是非呢？因此发愤学习。

康熙二十七年（1688年）十一月二十八日，白晋、孔诚等六位法国科学家在乾清宫受到康熙帝的召见，他们献上了从法国带来的30件科技仪器和书籍作为见面礼，这些非同寻常的礼品，令康熙帝十分高兴，当即决定召他们入宫，担任自己的科学顾问，从此开始了外国科学家在清朝宫廷从事科学活动长达数十年的局面。

法国巴黎凡尔赛宫2003年曾举办了"康熙大帝展"，展出故宫珍藏的康熙年间西洋科学仪器，至今仍运转自如，光彩照人。这些展品主要有：

（1）手摇计算机。世界上第一台手摇计算机是法国科学家巴斯比于

1642年制造的，通过里面的齿轮进位进行计算，故宫博物院收藏了10台手摇计算机，都是康熙年间制造的，能进行加减乘除运算。

（2）铜镀金比例规。这原是伽利略发明的计算工具，可以进行乘、除、开、平方等各种计算，康熙的比例规增加了平分、正弦等不同的计算。

（3）康熙角尺，尺上镌刻有"康熙御制"四个字。

（4）平面和立体几何模型，全部由楠木精制，是清宫造办处监制的康熙学习几何学的教具。

（5）绘图仪，质地有银、木、漆、鲨鱼皮等，每套6~20余件不等。盒内装有比例规，半圆仪，分厘尺，数尺，圆规，鸭嘴笔等，为适用野外作业，有的还配有刀子、剪子、铅笔、火镰、放大镜、黑板、画棒等。这类仪器是康熙时期清宫造办处依照西洋绘图仪制作的，用于野外绘图。

（6）御制简平、地平合璧仪。它是集简平仪、地平仪、罗盘、象限仪、矩度为一体的多功能测量仪器，携带方便，具有适合野外作业的特点。它分六层，由清宫内务府造办处制造。

自白晋、孔诚以后，又陆续有不少西方科学家来到清宫。他们的最大成绩，是促使康熙创建了被他们称为"中国科学院"的蒙养斋算学馆，将西方的自然科学著作《验气图说》《仪象志》《赤道南北星图》《穷理学》《坤舆图说》等一一翻译过来，有的已经译成汉文的自然科学著作，如《几何原理》前六卷，康熙又命人译成满文。尤其值得一提的是，这些西方科学家还使康熙实施了中国地理大测绘这一伟大创举。

这里，人们不禁会问，既然三百年前西方科技就已经传到中国，为什么18世纪后中国科学又大大落后于西方了呢？看看当时在康熙宫廷供职的巴多明留下的诸多信件，就不奇怪了。

巴多明在康熙三十七年（1698年）七月，从巴黎来到中国并进入宫廷，他在参与中国地理大测绘的同时，把对中国官场的观察也一一记录下来寄回法国，收入《耶稣传教士书简集》。比如，在谈到清朝的天文机构——钦天监时，他说："他们观察天象的条件简陋。在钦天监工作一生的人唯一的希望就是能当上钦天监的高级职位，如果监正本人很富有，又爱好科学，他就自己花工夫去搞研究，如果他想对他的前任工作精益求精，增加观察或对工作方式做些改革，他马上会在钦天监中成为众矢之的。众人顽固地一致要求维持原状，他们会说，何必自讨苦吃，多惹麻烦呢，稍有差错就会扣罚一两年的俸禄，这不是做了劳而无功反而自己饿死的事吗？毫无疑问，这是钦天监阻碍人们使用望远镜去发现视线达不到的东西和使用摆锤精确计算时间的原因。"

在这种仅有康熙皇帝与个别大臣对科学感兴趣的情况下，改进科研制度的社会条件根本不具备，就是皇帝个人这一因素也每况愈下，康熙帝以后，皇帝们对科学一个比一个缺乏兴趣，中国两千多年的儒家文化传统已经使中国人的科学思维停留在朴素状态，凝固化了，这就是中国科技文明在这个时代无法快速发展的原因。

## 三、康熙皇帝成功之谜

康熙帝经过艰苦卓绝的努力，把大清帝国建成了当时世界上幅员最辽阔、人口最众多、经济最富有、文化最繁荣、国力最强盛的大帝国。那时清朝的疆域，东起大海，西至葱岭，南达曾母暗沙，北跨外兴安岭，西北到巴尔喀什湖，东北到库页岛，总面积约1300万平方公里。康熙大帝奠下了清朝兴盛的根基，开创出康乾盛世的大局面。康熙是一位英明的君主，伟大的政治家。

他为什么能取得上述巨大成功呢？归结起来，有以下几个方面：

### （一）一生好学不倦

过人的功业，必须要有过人的思想；而过人的思想，必须要有过人的学习，一生好学不倦是康熙开创大业的条件之一。

康熙8岁丧父，10岁又丧母，两年之间，父母双亡，无疑这是人生幼年最大的不幸，然而人生常是这样，生于忧患，死于安乐。忧患既使人痛苦，也使人奋进，幼年的不幸，激励了康熙奋发学习、自立自强的精神。

康熙身上有着三种血统、三种文化和三种品格。他的父亲是满洲人，祖母是蒙古人，母亲是汉族人，他深受祖母的教诲，又向苏麻喇姑（孝庄贴身侍女）学习蒙古语，向满洲师傅学习骑射，向汉族师傅学习儒家文化。康熙的勇武和奋进，受到满洲文化的影响；高远与大度，得益于蒙古文化的熏陶；仁爱与韬略，来自汉族儒学营养；他后来的开放与求新，则是受了西方文化的熏染。可以说，康熙帝吸收了中华多民族的、西方多国家的、悠久而又先进的、博大而又深厚的文化营养，这为他展现帝王才气，实现宏图大业，奠定了基础。

老年康熙像

康熙是中国历史上少有的好学帝王，他5岁入书房读书，昼夜苦读，不论寒暑，甚至废寝忘食。他继位后，更是勤奋学习，甚至过劳咯血，他读书不是为了消遣，而是为了"体会古帝王孜孜求治之意"，以治国平天下。直到花甲之年，仍手不释卷，他喜爱学习西方自然科学的劲头，更是令人动容，1698年巴黎出版的白晋著《中国皇帝康熙传》中有过以下记述：

康熙带着极大的兴趣学习西方科学，每天都要花几个小时同我们在一起，白天和晚上还要用更多的时间自学。他不喜欢娇生惯养和游手好闲，常常是起早贪黑。尽管我们谨慎地早早就来到宫中，但他还是经常在我们到达之前就准备好了，他急于向我们请教一些他已经做过的一些习题，或者是向我们提出一些新问题。

有时他亲自用几何方法测量距离，测量山的高度和池塘的宽度，他自己定位，查看各种仪器，精确地计算，然后他再让别人测量距离，当他看到他计算的结果和别人测量的数据相符合时，他就十分高兴。

康熙就是这样勤奋学习，善于学习，活学活用，他是中国历史上极少见的了解西方文明、尊重科学精神的学习型皇帝。

（二）勤慎理政

康熙处理军国大政有两个显著的特点：一是"勤"，另一个是"慎"。

康熙一生勤政，他认为"勤政实为君之大本，怠荒实亡国之病源"，明朝灭亡的一个重要原因，就是皇帝大多怠政。万历帝和天启帝都是有名的怠政庸君，万历皇帝二十几年不上朝，导致南北两京缺尚书、侍郎14员，大学士病请假，内阁大门白天紧闭，尚书虚悬，无人理事，中枢机构瘫痪。天启帝也一样，整天不理朝政，却迷恋上了木工活，刀凿斧锯，玩得津津有味，这样没有责任感的皇帝执政，国家如何不衰败？

康熙汲取了明朝灭亡的教训，勤政理事，每天都要亲自主持御前朝廷会议，即听政，最初主要在乾清门听政，后来听政的地点经常变化，有时在中南海瀛台勤政殿、畅春园澹宁居、避暑山庄澹泊殿等。参加会议的主要是六部九卿等官员，会议都有记录，听政的时间，一般在早上八点左右，所以又称"早朝"。康熙从亲政之日起，到去世之前，除生病、三大节、重大变故之外，无论严寒酷暑，几乎是没有一天不听政的。

康熙理政不仅"勤"，而且"慎"。对于关系国计民生的大事，总要反复调查，慎重决策。康熙四十五年（1706年）治河，大臣们发生意见分歧，经过调查、辩论、验证等，从正月初十日开始，到十二月二十七日结束，整整进行了一年，才做出决策，真可谓慎之又慎，请看他治河决策的全过程：

第一，重视治河。康熙亲政后将三藩、河务、漕运三件大事，书写在宫中柱子上，以日日提醒。

第二，寻根溯源。比如治理永定河，他巡视北京通州河堤，随驾的有皇太子、皇四子、皇五子、皇十四子等，他命诸皇子分钉木桩，学用仪盘，亲自检测仪器，记录测量。

第三，任用能臣，康熙任用治河名臣靳辅和陈潢，治河大成。

第四，御前辩论，每一治河方案，都要在御前辩论，即让不同意见的双方各申己见，互相驳难。

第五，集思广益，争论的双方各有各的理由，没有达成共识时，康熙又命乡里临河的在京官员，书写己见，上报朝廷。

第六，会议裁决，康熙听了各方面的意见，便在九卿会议上裁决。

第七，实践验证，方案定了之后，在执行过程中，康熙还要数次派人去视察河工，检验朝廷辩论意见孰对孰错。

第八，改正错误，若发现方案错了，就马上进行改正。

从上面，我们不难看出康熙是一位治政十分严谨的明君。

（三）严格教育子孙

康熙对子孙的教育特别认真，也特别严格。康熙对皇子的教育，首先为成龙，次之为襄（助）政，第三为领兵，第四为务学，第五为书画。

由此，康熙帝为皇子皇孙制定了严格的教育制度。据《养吉斋丛录》记载："我朝家法，皇子、皇孙六岁，即就外傅读书。"学习时间，"刻至书房，先习满洲、蒙古文毕，然后习汉书。师傅入直，率以卯刻。幼稚课简，午前即退直。迟退者，至未正二刻，或至申刻。"休假日，"惟元旦免直入，除夕饭前一日巳刻，准散直。"即是说，一年之中，休假只有元旦一天和其前两个半天。

康熙亲自为皇子们选定师傅，皇子老师中的汉人老师，都是一代名儒，主要教授儒家经典，满人师傅称谙达，内谙达教授满文和蒙古文，外谙达教授弓箭骑射技艺。

康熙对子孙的教育，除了上学，还包括言传身教，让子孙参加祭祀、打猎、巡幸、出征等。康熙三十二年（1693），康熙帝患病，便命皇太子代理政事，康熙帝病愈后，又命皇太子协助处理一般政务和旗务，对其他皇子常委以重任，既对其加强锻炼，又对其进行考察。

康熙对各皇子还注重因材施教。法国科学家白晋在写给法王路易十四的信中说，康熙亲自给皇三子胤祉讲解几何学，并培养其科学才能。后又让胤祉等向意大利传教士德理格学习律历知识。后来胤祉成为康熙朝的一位杰出学者，主持纂修了《律历渊源》《古今图书集成》等。

康熙教育子孙，是他为君之道中的重要内容。康熙的继承者雍正、乾隆都很杰出，康熙的皇子中，没有不学无术的庸人，也没有胡作非为的纨绔，他们都有一定素养，一技之长，这是之所以出现"康乾盛世"的主要原因。

## （四）对臣民仁爱宽宥

康熙继承了儒家为政"仁爱"的理念，并在施政过程中加以实践，他身后谥号为"仁皇帝"，这个"仁"字，正是他一生为人、行政的显著特点。

康熙屡次申令停止圈占土地，又免除钱粮达545次之多，银1.5亿两，他赈灾、设义仓，关心民众疾苦。有一次康熙到塞外视察，发现一个人僵卧在路旁，他亲自询问，知道这个人叫王四海，是个佣工，在回家路上，因为饥饿，躺下起不来了。康熙立即下令给他喂热粥，等王四海苏醒后，又将他带到行宫，给他盘缠，送他回家。

康熙仁政的又一个特点是实行宽刑政策。康熙二十二年（1683年），全国秋决（处死刑）的犯人尚不足40人。

康熙仁政的第三个措施是惩办贪官，表彰清官。清官是康熙帝的一面旗帜，当时最著名的清官于成龙，有个绰号叫"于青菜"，就是因为他虽贵为封疆大吏，却常年不吃肉，只吃青菜。

于成龙是山西永宁（今斋石）人，先任广西罗城县知县，当时已经45岁。罗城县位于万山之中，历经战乱，没有城郭，遍地荒草，县衙是茅屋3间，居民仅有600家。于成龙到任后，鼓励耕种，设养济院，宽免徭役，兴建学宫，县境大治，史书说他"居罗七年，与民相爱，如家人父子"。

于成龙升任合州知州，前往赴任时，百姓倾城出动，痛哭号泣相送，有一位瞎子，不肯离去，于成龙问他为什么不走，他回答说："我想您路上盘缠不够，我会算卦，可以沿途赚点钱，以备不足之用。"于成龙很感动，就把他留下来。后来途中钱果然花光了，于成龙多亏瞎子赚些算命钱才补充路费到了合州，在合州，有政绩，又迁黄风。黄风社会治安很乱，他装成乞丐，深入罪犯巢穴，日夜杂处，探明实情，一举端掉贼窝，后来又升为福建布政使。当时清军平定三藩之乱，军中有掠良民子女为奴的现象，于成龙集资赎出被掠妇女放还。在任两江总督期间，他勤奉俭约，每天就是粗米、青菜，终年不知肉味，江南人于是称他为"于青菜"。他死后，将军、都统、官吏、友人到他家中一看，家里只有竹筐里粗糙纺织品制作的一身袍子和床头几罐食盐、豆豉而已。为追悼于成龙，市民罢市，聚哭致哀。百姓家挂他的画像祭祀。康熙曾说："朕博采舆评，咸称于成龙为天下廉吏第一。"

### 点 评

康熙像

康熙的父辈本来已经给他打下了一个很完整的华夏江山，他8岁即位，14岁亲政，年纪小小的一个孩子，按常理来说，他坐享其成就够了。但是，胸怀大志的少年天子，好学不倦，勤于国事，革旧图新，重整山河，开创出了"康乾盛世"的大好局面，使自己从一个继承者变成了创业者，历史将永远仰望这位英明的圣主、雄才大略的政治家。

# 第六章 承上启下的改革型皇帝雍正

康熙帝驾崩后，45岁的皇四子雍亲王胤禛即位，年号"雍正"，就是雍亲王得位正，为君正的意思。然而有趣的是，自从雍正继位，到现在近三百年间，史学界乃至民间对胤禛得位是否正当的问题，从来没有停止过议论和争论，似乎成了一个永远的疑案。

# 一、雍正继位之谜

关于雍正的继位，历史上有三种说法：遗诏继位说、改诏篡位说和无诏夺位说，至今历史学家们还在考究、争论不已。或许，这将是清历史上一个永远不解之谜吧。

（一）遗诏继位说

持此说者提出了三种根据：

（1）雍正受到父皇康熙的信任，曾派他到天坛代行祭天大典，说明康熙临终前有意让雍亲王继承皇位。

（2）《清圣祖仁皇帝实录》记载：康熙六十一年（1722年）十一月十三，康熙病重，召皇子诚亲王胤祉、皇七子淳郡王胤祐、皇八子贝勒胤禩等七位阿哥和尚书隆科多到御榻前说："皇四子胤禛，人品贵重，深肖朕躬，必能克承大统，着继朕登基，即皇帝位。"

（3）有《康熙遗诏》为证。《康熙遗诏》现存中国第一历史档案馆，遗诏上写道："皇四子胤禛，人品贵重，深肖朕躬，必能克承大统，着继朕登基，即皇帝位。"

（二）改诏篡位说

持此观点的人认为：

（1）胤禛虽在康熙眼中印象不错，让他代为天坛祭天，但不能证明康熙有意、有遗诏让他继位。

（2）康熙在临终当天的遗诏是假的，既然将继位大事告诉七位阿哥和隆科多，为什么不向当事人——继位者胤禛宣谕？因此，有的学者认为宣遗诏之事是无中生有，是雍正继位后编造的。

（3）《清圣祖仁皇帝实录》又载：康熙六十一年十一月十三日，皇四子胤禛曾三次闻召到康熙床边问安，但这三次召见，康熙都没告诉他继承皇位之事，这岂不是咄咄怪事？于是有的学者认为，这反倒证明康熙并没有遗诏向七位皇子宣布由胤禛继位这件事。

（4）康熙崩逝之后，为什么由隆科多一个人单独向胤禛宣布皇四子继位的遗诏？而宣布康熙遗诏时王公大臣和其他兄弟都不在场？这也使得学者认为，康熙遗

雍正像

诏是假的。

（5）康熙崩逝的噩耗传出后，京城九门关闭6天，诸王非传令不得进入大内，这又使人产生了"雍正政变"的疑问。

（6）《康熙遗诏》自然在康熙去世前已经定稿并经康熙审定，按理应在康熙十三日死后立即当众宣布，为什么到十六日才公布？显然这段记载有伪造的嫌疑。

（7）经过清史专家研究，《康熙遗诏》是参照康熙五十四年（1715年）十一月二十一的谕诏加以修改而成的。

（8）雍正继位后杀年羹尧、隆科多以及对诸多兄弟或杀害或监禁，似有"杀人灭口"之嫌。

在上述改诏继位诸说中，主要是篡位说，认为雍正篡夺了他的同胞皇十四弟胤祯的位，其理由是：

（1）康熙意中的继位者是十四子胤祯，派他做抚远大将军，就是让他立军功，掌军权，树威信，以备接班。

（2）康熙刚崩逝，就传出雍正党人将康熙遗诏"传位十四子"，篡改为"传位于四子"的说法。说是康熙临终前发了一道诏谕，叫远在西宁的抚远大将军、十四子胤祯急回京继位，却被步军统领隆科多捏在手里不发，改作"传位于四子"。

此传闻，不是史实，因为，如果康熙帝真有"传位于四子"的遗诏，那么：

其一，当时繁体字的"于"写作"於"，"十"字很难改成"於"字。

其二，当时作为称呼的规范是"皇某子"，"于"与"四"之间隔了一个"皇"字,根本无法改。

其三,满文为清朝的国书,如此重要的遗诏应同时以满、汉两种文字书写,满文又岂能改"十"为"于"?

(3)雍正是否更改名字?有人认为,康熙遗诏传立"胤禵"(皇十四子原名),因"胤禵"与"胤禛"字形字音相近,胤禛遂取而代之。后将《玉牒》的名字更改,雍正又命十四弟改名允禵,这就是"玉牒易名"说。学术界对雍正改名看法颇不一致,有一种改法又认为,皇四子叫胤禛,皇十四子叫胤禵,雍正做了皇帝,便命十四弟改名允禵,以示避讳。

总之,康熙临终前立皇十四子胤禵继位说,事出有因,但查无实据。康熙晚年没有立储,雍正登位前康熙没立"储位",因而不能不说雍正继位是"篡位"。

(三)无诏夺位说

基于雍正奉遗诏继位,有许多矛盾解释不清楚,其说难以自圆;而雍正改诏篡位,真正有力的证据也显得不足,于是有人认为雍正是无诏夺位。雍正登位,是因为他在皇位争夺中取得了胜利,这场皇位争夺斗争,或明或暗,或隐或现,前前后后40多年,结果,皇太子党失败,皇八子党也失败,皇四阿哥党胜利。

雍正继位,是正取,还是逆取?历史没有留下记载,历史是胜利者的记录。正史再不会对雍正逆取皇位做出记载,康熙生前未立皇位继承的遗诏,也不会留下一鳞半爪暗示皇位继承的文献。

不过，从康熙去世雍正继位开始，就出现了皇位出自篡夺的异闻传说，为此雍正还亲自撰写了一本书——《大义觉迷录》，对各种流言进行驳斥，想为自己洗刷不白。

## 二、冷酷残忍的皇帝

后世的历史学家们及民间逸闻中，对雍正皇帝有"谋父""逼母""杀兄""屠弟""贪财""好杀""酗酒""淫色""好谀""任佞"等不同的评价与传说，总之，在后世学者与人民的眼中，雍正是一个采取不法手段篡政、屠杀兄弟姐妹的残暴无道的皇帝。

养心殿

那么，雍正的罪名是否成立呢？让我们来分析一下：

（一）雍正是否毒死父皇

有一种说法：康熙是喝了胤禛送的人参汤被毒死的。这话以伦理、法理、情理讲，既悖于情，也不合理。从当时的具体环境、周围条件分析，这是根本不可能之事。

（二）雍正是否逼死生母

当时，雍正"逼母"说流传很广。雍正生母乌雅氏，生了三个儿子：胤禛、胤祚（5岁死）、胤禵。据传，雍正继位后，将胤禵调回北京关押起来，他母亲想见胤禵，雍正不准，太后一气之下，撞死在铁柱上。乌雅氏眼看亲生儿子胤禵被囚禁，作为皇太后能不生气吗？当时人们将雍正生母之死同他囚禁胞弟联系起来是很自然的事情。

（三）雍正是否屠杀兄弟

雍正帝继皇位之日，就面临着兄弟们的不满和挑战。当时年满20岁的皇子共有15人，雍正的大哥胤禔、二哥胤礽、三哥胤祉、五弟胤祺、七弟胤祐、八弟胤禩、九弟胤禟、十弟胤䄉、十二弟胤祹、十三弟胤祥、十四弟胤禵、十五弟胤禑、十六弟胤禄和十七弟胤礼。

大阿哥胤禔，康熙时就因在太子废立中得罪父皇，被夺封爵，幽于府第。康熙帝派贝勒延寿等轮番监守，并严谕，疏忽者，当族诛。对雍正来说，胤禔早就是一只死老虎，不足为虑，雍正十二年（1734）胤禔病死。

二阿哥胤礽，是被康熙帝废了的太子，禁闭在咸安宫。雍正仍不放心，一方面封其为理郡王，另一方面又命在山西祁县郑家庄盖房驻兵，将胤礽移居幽禁，雍正二年（1724年）胤礽病死。

三阿哥胤祉，是一个不热衷皇位、一门心思编书的人。雍正继位后，以"胤祉与太子素亲睦"为由，将胤祉发配到遵化为康熙守陵。胤祉心里不高兴，私下发了些牢骚，雍正知道后，又将其爵位剥夺，幽禁于景山永安亭，雍正十年（1732年）胤祉去世。

五弟胤祺，没有结党，也没有争储，雍正即位后，仍借故削其封爵，雍正十年（1732年）胤祺去世。

七弟胤祐，雍正八年（1730）去世。

八弟胤禩，是雍正兄弟中最为优秀、最有才能的一位。雍正继位后，视胤禩及其党羽为眼中钉、肉中刺，胤禩心里也明白，常忧忧不乐。对此，雍正耍了个两面派手法：先封胤禩为亲王，胤禩的福晋对去祝贺的人说："有什么值得祝贺的？我担心的是不要被杀了头。"这话传到雍正的耳朵里，便将胤禩的福晋赶回了娘家。不久，雍正又借故命令胤禩在太庙前跪了一昼夜，随后又削去了他的王爵，用高墙围禁起来，并改其名为"阿其那"。"阿其那"一词，意思是"猪"。胤禩终被受尽折磨而死。

九弟胤禟，同胤禩结党，为雍正所不容，被革去黄带子，削宗籍，逮捕囚禁，并改胤禟名为"塞思黑"，意为"狗"，不久给胤禟定28条罪状，押往保定，命直隶总督幽禁之。胤禟在保定监狱备受折磨，最后，以

"腹疾卒于幽所"，传说是被毒死的。

十弟胤䄉，也因党附胤禩，为雍正所恨，夺爵拘禁，直到乾隆二年（1737年）才开释，后郁郁而亡。

十二弟胤祹，康熙末年任镶黄旗满洲都统，很受重用，但没有结党谋位。雍正刚继位时，封胤祹为履郡王。不久又借故将其降为比贝勒还低的贝子，且不给实爵，不久，又再降为国公，乾隆继位后才被晋封为亲王。

十四弟胤禵，虽与雍正一母同胞，但因传闻康熙临终前命传位"胤禵"，因此，二人成了不共戴天的冤家兄弟。雍正继位时，先不许他进城吊丧，后又命其在遵化看守父皇的景陵，继而将其父子禁锢于景山寿皇殿左右，直至乾隆继位后，才将其开释。

十五弟胤禑，康熙死后，雍正命其守景陵。

境遇比较好的有三人，即十三弟胤祥、十六弟胤禄和十七弟胤礼。胤祥，被雍正封为怡亲王，格外信用；胤禄，过继给庄亲王博果铎为后，袭封庄亲王；胤礼，被雍正封为果郡王，又晋为亲王，先掌管理藩院事，继任宗人府宗令，管户部。胤祥和胤礼早年加入过"雍亲王党"，所以备受重用。

康熙大帝英明一世，唯独没有解决好接班人问题，致使造成雍正即位后兄弟阋墙、骨肉相残的局面，但翻开中国历史，历代王朝莫不如此，我们也不应因此对雍正求全责备吧。

雍正登上皇位后，驭下的手腕之高，令人惊为叹止，从处置大臣年羹尧和隆科

年羹尧像

多之事可见一斑。

年羹尧，字亮工，汉军镶黄旗人。从小就好耍枪弄棍，不安心读书，父亲年遐龄望子成龙心切，给他请了好几位教书先生，希望他能好好学习，将来金榜题名，光宗耀祖，谁知都被他给气走了。后来总算请来了一位能文能武的先生，这才把年羹尧镇住。在这位先生的教育下，年羹尧文武兼学，没过几年，居然也学到了一身本领，参加科举考试，竟然中了进士。然而，年羹尧的志趣却不在这里，他生性好动，好结交绿林豪杰，凭一身武功和才识，身边聚集了不少拜把兄弟。

后来，年羹尧结交上了四皇子胤禛，从此成了胤禛的心腹。康熙四十八年（1709年）胤禛晋封为雍亲王后，娶了年羹尧的妹妹做侧室福晋，胤禛继皇位后，又册封年氏为贵妃，地位仅次于孝敬皇后。年羹尧在康熙朝任四川巡抚、定西将军，在青藏有军功。康熙六十一年（1722年），康熙帝病逝，由第四子胤禛继位。由于康熙十四子允禵曾是雍正的皇位竞争对手，年羹尧出任川陕总督时，胤禛以抚远大将军身份坐镇西宁。雍正为防不测，曾密令年羹尧就近监视允禵。这样，胤禵虽然不满于雍正继位，却因受年羹尧牵制，无法调动军队向东夺位。

隆科多，满洲镶黄旗人，其父为一等公佟国维，其妹为康熙的孝懿仁皇后。隆科多在康熙晚年任理藩院尚书、步军统领。在康熙去世和雍正继位过程中，隆科多的功劳在于防止留居北京的众皇子作乱。康熙的儿子众多，这些人虽各结党羽，而在反对雍正继位的问题上又都联合了起来，雍正当时在北京十分孤立。隆科多时任步军统领，俗称九门提督，辖兵一万多人，负责保卫皇帝，维护京城治安。由于他拥戴雍正，在他手中军队的威慑、弹压下，皇室众多的兄弟才没敢兴风作浪。

外得力于年羹尧，内得力于隆科多，雍正便顺顺当当地登上了皇位。继位之初，他对年、隆二人褒奖有加，宠信异常，年羹尧被任命为抚远大将军，掌握整个西北地区的边防大权以及人事、财政大权，还直接参与朝中重大政务的决策。雍正甚至不顾君臣关系体统，称年羹尧为自己的"恩人"，说什么"不但朕心倚眷嘉奖，朕世世子孙及天下臣民当共倾心感悦，若稍有负心，便非朕之子孙也，稍有异心，便非我朝之臣民也"，竟然以对年羹尧的态度，作为判断子孙臣民忠孝的标准。隆科多则被任命为总理事务大臣，参与处理重大事务，是雍正在中央的左右手，雍正夸他是"圣祖皇帝忠臣，朕之功臣，国家良臣，真正当代第一超群拔类之稀有大臣也"。

可是好景不长，仅仅过了两年左右，雍正便变脸了，说什么"近日年羹尧擅作威福，逞奸纳贿，朕甚恶之"，并直接向年羹尧发出警告："外臣图功易，成功难，成功易，守功难，守功易，终功难。"明显地暗示他不会有好下场。果然，不久便命令年羹尧交出抚远大将军令，调任杭州将军，并威胁说："你若负朕，不知上苍如何发落你也。"虽然年羹尧并没

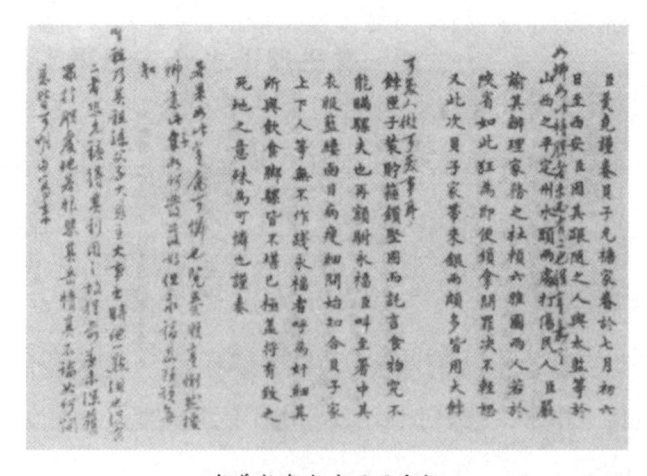

年羹尧奏允唐至西安折

有"负"他，雍正还是不依不饶，撤了他的官，并公布了他的92条大罪，说他这92条罪状，可以将年羹尧处死30多次，但对他法外开恩，令其"自裁"（自杀），又斩其子年富，其余15岁以上的儿子都充军极边。

在整治年羹尧的同时，雍正也向隆科多下了手。虽然隆科多受赐一等公、吏部尚书加太保等，但仍被定41条大罪，命令在畅春园外建屋三间，永远禁锢。雍正六年（1728年）六月，隆科多死于禁所。

年羹尧和隆科多二人，对雍正来说，是"狡兔死，走狗烹；飞鸟尽，良弓藏"。对他们自己来说，则是知进不知退，知显不知隐，泰极否来，自酿成祸。

从对待同胞兄弟和近臣上可以看出雍正性格的两面性，说一套做一套，明一套暗一套，他的两面性格是他取得皇位的秘诀，也是他巩固皇位的法宝。当然，雍正作为一个政治家，我们评价他的功过是非，主要的着眼点不应是其性情品格，也不应是其皇位的获得是否正当，而应站在他对人类文明方面做了哪些贡献。

## 三、承上启下的改革

雍正元年（1723年）是清朝入关第80年，许多社会矛盾盘根错节，积累很深。雍正盛年登极，年富力强，学识广博，阅历丰富，刚毅果决，颇有作为。康熙政尚宽仁,雍正继以严猛。雍正在位13年,他最主要的特点是"改革",可以说雍正是一位改革型皇帝,其改革举措主要有:

（一）整顿吏治

康熙治政,标榜宽仁,到了晚年,由于身患中风,吏治松弛,贪污腐败,已然成风。又由于康熙连年征战,致使雍正即位后,国库亏空严重。雍正在长期的政治生活中,对康熙晚年之弊政,看得较为清楚,于是在雍正元年（1723年）正月,他就马上大刀阔斧、雷厉风行地连续颁布了11道谕旨,谕各级文武官员,不许暗通贿赂,私受请托;不许库钱亏空,私纳苞苴;不许虚名冒饷,侵渔贪婪;不许纳贿财贷,戕人之罪;不许克扣运费,馈遗纳贿;不许多方勒索,病官病民;不许恣意枉法,悖才多事等。严诫:如因循不改,必定重罪严惩。

二月,又命令将亏空钱粮各官即行革职追赃,不得留任。

三月,命各省巡抚,将幕客姓名报部。禁止出差官员纵容下属勒索地方,后又把户部库存亏空的250余万两白银叫历任堂司官员赔补。

接着又设立会考府,进行审计,整顿收支。

这一年,被革职抄家的各级官吏就达数十人,其中有很多是三品以上的大员,与曹雪芹家是亲戚的苏州织造李煦,也因为经济亏空而被革职抄家。对于这一改革,《清史稿·食贷志》说:"雍正初,整理度支,收入颇增。"有史家也评论说:"雍正的整顿吏治,实为千载一时,彼时居官,大法小廉,殆成风俗,贪冒之徒,莫不望风革面。"这说明了雍正整顿吏治的成效。

## （二）设立密折制度

什么是密折呢？密就是机密，折就是将奏文写在折叠的白纸上，外面加上封套。康熙朝有奏折，雍正朝设立密折制度加以完善，只有皇帝特许的官员才有资格上奏折。康熙朝具折奏事的官员100多人，雍正朝增加到1200多人，奏折的内容，几乎无所不包，诸如刮风下雨、社会舆情、官场隐私和家庭秘事等，皇帝通过奏折可以直接同官员对话，更加了解和掌握下面的实际情况。雍正朝对奏折运转的处理程序，规定"阁臣不得与闻"。这就避开了阁臣干预，特别是官员之间互相告密，形成互相监督，强化了皇帝专制权力。

## （三）设军机处

雍正创设军机处，作为辅助皇帝决策与行政的机构，地点在紫禁城隆宗门内北侧。军机大臣没有定员，少则二人，多则九人，主要职责：每日晋见皇帝，商议处理军政要务，以面奉谕旨名义，对各部门、各地方发布批示；奉旨起草公文，由朝廷直接寄发，称为"廷寄"，封函标明"某处某官开折"字样，由兵部捷报处收送；誊录保存公文，就是将皇帝批阅的奏折，誊录副本，这项制度使大量档案得以保存。

在清初，重要的军政机构有三个：一是议政处，二是内阁，三是军机处。议政处源自关外，主要由王公贵族组成，称议政大臣，参划机要。后来设立内阁，军务归议政处，政务归内阁。议政处的权力逐渐减弱，到乾隆时撤销。军机处建立后，军政要务归军机处，一般政务归内阁，军机处权力远在内阁之上，大学士的权力为军机大臣所分，逐渐排斥内阁于机务之外。大学士兼军机大臣才有一定实权，内阁宰相，名存实亡。明代内阁对皇权有一定的约束，如诏令由内阁草拟，经内阁下发，阁臣对诏令有权封驳。军机处的设立，使皇权专制走向极端——既不容皇权旁落，也不许臣下阻挠旨意。

（四）改土归流

当时在云、贵、川、粤、桂、湘、鄂等省的少数民族地区，主要由世袭大土司进行管辖。雍正实行"改土归流"制度，就是革除土司制度，在上述地区分别设立府、厅、州、县，委派有任期的而非世袭的"流官"进行管理。这一改革，打击了土司的世袭特权和利益，减轻了西南少数民族的负担和灾难，促进了这一地区的社会经济和文化的进步。西南的民族问题，到雍正时得到解决。

（五）摊丁入亩

中国过去土地和人丁分开纳税，康熙五十年（1711年）后，实行"盛世滋人丁，永不加赋"，但此前出生的人丁要缴纳丁银。雍正实行丁银摊入地亩的制度，从法律上取消了人头税，减轻了贫穷无地者的负担。但另一方面，又使社会人口急剧增长，到道光年间，中国人口已突破4亿，人多地少的矛盾开始突出。

## （六）废除贱籍制度

中国古代有一种贱籍制度，贱籍就是不属于士、农、工、商的"贱民"，世代相传，不得改变。这类人不能读书科举，也不能做官，这类贱民主要有浙江惰民，陕西乐户，广东蛋户，安徽伴当、世仆，江苏丐户等。绍兴惰民，相传是宋、元罪人的后代，男的从事捕蛙、卖汤等，女的做媒婆、卖珠，兼带卖淫等活计。陕西、北京的乐户，系明燕王朱棣起兵推翻其侄建文帝政权后，将坚决拥护建文帝的官员的妻女罚入教坊司充当官妓。安徽的伴当、世仆，地位比乐户、惰民更悲惨，如果村里两姓，此姓全都是彼姓的伴当、世仆，有如奴隶，稍有不合，人人都可以捶打。雍正对历史上遗留下来的这些贱籍，命令除籍，开豁为民，编入正户。

雍和宫

## （七）设立秘密立储制度

清朝皇帝的继承人问题，康熙以前没有制度化。清太祖死后，因皇位继承演出太妃生殉的悲剧，害得多尔衮从小失去母亲；清太宗死后，尚未入殓，几乎演出兵戎相见的惨剧；清世祖死后，仓促让一位8岁孩童继位，大清出现一位英明的君主实属幸运；清圣祖死前储位未定，又演出了雍正兄弟骨肉相残的闹剧，用什么办法解决皇位继承人问题，是清朝建立一百多年所没有解决的问题。用嫡长制？虽可以避免兄弟之争，但不能保证优选，明之教训，已有前车之鉴。用太子制？康熙失败的教训，雍正已经亲历切肤之痛。最后，雍正想出了一个办法，这就是秘密立储，即将传位诏书放进密封锦匣中预先收藏于乾清宫"正大光明"匾后。这是建储制度的一项重大改革，它既有利于在皇子中优选，又避免了皇子们争夺储位，相对地保证了皇位继承的平稳过渡。

雍正既继承了康熙大帝的历史遗产，又改革了康熙晚年的弊政，承上启下，为乾隆盛世准备了条件。应当说，雍正在位13年，政绩卓然，但就在他政绩初见成效之时，他却突然去世了。

雍正朱批真迹

## 四、众说纷纭的死因

胤禛于雍正十三年（1735年）八月二十三子时，在圆明园猝然去世。由于书不载原因，于是雍正死因之谜，朝野众说纷纭。概括起来，主要有以下两种：

（一）吕四娘谋刺说

稗官野史如《清宫十三朝》《清宫遗闻》等书，都有雍正被吕四娘谋刺身亡的记载。传说吕四娘是吕留良的女儿，吕留良因文字狱被死后戮尸，吕氏一门，或被处死，或被充军，只有吕四娘携母及一仆人逃出（参见附录一：清初的文字狱）。吕四娘隐姓埋名，潜藏民间，拜师习武，技艺高超，后来潜入深宫，把雍正脑袋砍了。

（二）丹药中毒说

雍正对道士、丹药感兴趣，特为紫阳道人重建道院，他还曾请道士张太虚、王定乾等到圆明园炼丹，以求灵丹妙药，长生不老。雍正死后三天，他的儿子，新君乾隆帝下令驱逐张太虚等道士，并严谕他们不许透露宫中只言片字。乾隆帝对圆明园中道士的态度，使人们认为这可能同其父食道士炼制的丹药致死有关。近人金梁在《清帝外纪·世宗崩》中说："惟世宗之崩，相传修炼丹药所致，或出有因。"杨启樵教授也认为雍正是"丹药中毒而亡的"。有的学者则认为："此说颇有合于情理处，然而实属推论，未可成为定献。"

关于雍正帝的死因，还有被宫女缢死说、被曹雪芹和竺香玉合谋毒死说和中风而死说等。总之，众说纷纭，但都缺乏直接证据。或许，同雍正即位一样，这也是个永远的历史之谜。

## 点　评

雍正帝的一生，留给人们许多话题，继位之谜、死因之谜，一直扑朔迷离，但对于历史而言，还是他的改革为后世所称道。后来的史学家们对雍正帝的评价不一，总体来看，贬多于褒。但他既继承了康熙大帝的历史遗产，又改革了康熙晚年的弊政，使清王朝能够继续向前推进，发展了当时的经济。不客气讲，如果没有他在短暂的13年中，大刀阔斧地进展改革、呕心沥血打下了坚强的经济基础，"乾隆盛世"是不可能实现的。为乾隆繁盛的到来准备了条件。康、雍、乾三朝，既是清朝历史发展的鼎盛时期，也是中国封建社会发展的一个鼎盛时期。

## 第七章 乾隆盛世

清朝经过康熙、雍正两个时期，到乾隆时达到了鼎盛时期。乾隆帝，名弘历，25岁登基，在位60年，当太上皇4年，享年89岁，是中国有文字记载以来享年最高的皇帝，也是中国历史上实际执政时间最长的皇帝。同时，他又是在民间传闻最多、被作品演绎最多和官方文献记载疑点最多的皇帝之一，又是被坊间褒贬不一的一位皇帝。

## 一、出生地之谜

在清朝的12位皇帝中，出生地不明的只有两位：一是清太祖努尔哈赤，二是乾隆帝弘历。努尔哈赤出生时还没有满洲，他当时也不是什么显赫的人物，因此，他的出生地没有留下明确的文字记载是可以理解的。但乾隆不一样，他是雍正的第四个儿子，康熙五十年（1711年）八月十三生，他的出生地怎么会不确定呢？于是人们认为这里面必定有蹊跷。

关于乾隆的出生地，他的父母没有留下明确的说法，倒是乾隆自己曾反复说明他生于雍和宫。乾隆四十七年（1782年）正月初七，乾隆作《人日雍和宫瞻礼》诗注说："余实康熙辛卯生于是宫也。"

但是，在乾隆还在位的时候，就有人对他的出生地发出不同的议论，认为他出生于承德避暑山庄。当时有一个官员叫管世铭，江苏武进人，乾隆四十年（1775年）进士，后入军机处，任军机章京，了解很多宫廷掌故

与秘闻。他随乾隆一家去避暑山庄,去木兰围场游玩,写下了《扈跸秋纪事三十四首》,其中第四首涉及乾隆帝的出生地:

庆善祥开华渚虹,降生犹忆旧时宫。

年年讳日行香去,狮子园边感圣衷。

管世铭在这首诗的后面有个原注,说:"狮子园为皇上降生之地,常于宪庙忌辰临驻。"狮子园是承德避暑山庄外的一座园林,康熙到热河避暑时,雍正作为皇子经常随驾前往,狮子园是当时雍亲王一家在热河的住处。

乾隆帝到底出生在北京雍和宫,还是承德避暑山庄,至今仍是一个历史之谜,如果是普通百姓,他的出生地在什么地方,对家庭来说可能有影响,但对民族、国家来说并没有意义。然而,乾隆皇帝却不同,他的出生地同他的生母是谁关系密切,人们为什么关心乾隆的生母是谁呢?因为乾隆的母亲是"出身名门"还是"出身卑贱"会直接影响到乾隆的皇位、事业。如果乾隆的母亲是汉人,则会关涉到更为复杂的政治问题。

## 二、亲生母亲之谜

乾隆的生母,正史记载为"原任四品典仪官,加封一等承恩公凌柱女",但野史诸说纷纭,莫衷一是。

第一种，传说是浙江海宁陈世倌的夫人。陈世倌，俗称陈阁老，在康熙年间入朝为官。传说陈世倌与雍亲王一家常来常往，今天陈阁老的旧宅，还保存有一块九龙匾，据说是雍正亲笔书写的。那一年恰好雍亲王的福晋和陈阁老的夫人，同月同日分别生了孩子，雍亲王就让陈家把孩子抱入王府看看，可是，等孩子再出来时，陈家的男孩竟变成了个女孩，陈阁老意识到此事性命攸关，不敢作声，那换入宫中的男孩，就是后来的乾隆皇帝。

第二种，传说是钮祜禄氏。钮祜禄氏是承德地方的一个女子，13岁到京师，恰巧大选入宫，由于她体端颀秀中选，后被分到雍亲王府，雍亲王生病时，此女日夜服侍数月，雍亲王病愈，她也怀孕生下了乾隆。

第三种，传说是热河汉人宫女李桂氏。说是雍正在做雍亲王时，一年秋天在热河打猎，射中一只梅花鹿，雍正喝了鹿血，鹿血壮阳，雍正喝下躁急，身边又没有王妃，就随便拉了山庄内一位很丑的李姓汉族宫女幸之。第二年，康熙父子又到山庄，听说这个李家女怀上了"龙种"，就要临产，康熙发怒，追问："种玉者何人？"雍正承认是自己做的事。康熙怕家丑外扬，就派人把她带到草棚，丑女在草棚里生下一个男孩，这就是后来的乾隆，由于李氏"出生卑贱"，康熙便命钮祜禄氏收养了这个男孩，于是乾隆之母便转为钮祜禄氏。

虽然以上传说并不可靠，但乾隆的生母的确存在文献与档案上的疑点。清宫档案《雍正朝汉文谕旨汇编》雍正元年（1723年）二月十四记载：

雍正元年二月十四奉上谕：尊太后圣母懿旨，侧福晋年氏封为贵妃，侧福晋李氏封为齐妃，格格钱氏封为熹妃，格格宋氏封为裕嫔，格格耿氏封为懋嫔，该部知道。

同一件事，《清太宗宪皇帝实录》雍正元年（1723）二月甲子记载：

谕礼部：奉皇太后圣母懿旨，侧妃年氏，封为贵妃；侧妃李氏，封为齐妃；格格钮祜禄氏，封为熹妃；格格宋氏，封为裕嫔；格格耿氏，封为懋嫔，尔部察例具奏。

这两份记载上的差异，也叫人们生疑。雍正档案和雍正实录关于熹妃钱氏与钮祜禄氏的记载上的矛盾，至今不能圆满地解决。不仅如此，连乾隆的皇后和皇妃，也有许多可以称为"疑案"的事情，坊间传说五花八门，褒贬不一。后世有学者称乾隆为有为之君，毕竟乾隆盛世时清朝国力达到了登峰造极的地位，而坊间称其为"花花皇帝"。传说中他的风流逸事，至今还是当今影视界取材的热门之一。

## 三、社会经济的繁荣

乾隆时期，清王朝发展到了它的顶峰，中国几千年的专制皇朝也发展到了它的顶峰，到处呈现出一片繁荣景象。

明朝崇祯时期，全国耕地最大面积是783.7万顷。乾隆三十一年（1766年），据不完全统计，耕地面积即已达到这个数字。到嘉庆十七年（1802年），又增加了7.77万顷。人口方面，顺治末年，全国人口统计还不到

2000万，而乾隆末年则达到了3亿。国家赋税收入，顺治末年，国家发征银2150万两，粮640多万石；到乾隆末年，发征银达2990多万两，粮食达830多万石。

早先，粮食主要产地是东南的江浙地区，雍正、乾隆时期，"苏湖（今太湖地区）熟，天下足"的局面，已被"湖广熟，天下足"的局面所代替。湖南、四川、江西、湖北这些省份，亩产高时可达五六石甚至七石。长江以南，两季稻已开始普遍有了。北方的河北、天津地区，也成了鱼米之乡。一向人烟稀少的川、陕、楚交界处的南方老林地区，以及浙江、福建、江西等省的山区，成千上万的流民进入，开荒种粮，整个粮食生产有了较大的发展。

随着粮食生产的增加，经济作物的种植也增加了。江苏的苏、松、宁地区，浙江的湖州地区，到处桑树成荫，葱郁一片。棉花在宋元时从海南岛传入江南，到清乾隆年间，长江三角洲、沿海地区以及河南孟县、内县，河北保定地区，到处都是棉田。烟草在崇祯年间种于江浙一带，康熙末年，北方已普遍种植，乾隆时期，人们已开始普遍吸用；山东济宁城六家烟铺，总有工人四千多名。

粮食与经济作物的增产，又带动了手工业的发展。南京的缎机有三万台，它们一般都由132个部件构成，所牵引的经线，一般都达到九千多根，多的甚至达到近二万根。杭州的丝织品有丝锦、剪绒、绫、罗、纱、绢、绸、丝等许多品种，松江的棉织也有扣布、稀布、飞花布、梭布、斜纹布、药斑布、紫花布、剪绒毯等繁多品种。陶瓷业，乾隆时期，瓷都景德镇大小十多平方公里，匠工几十万，瓷窑二三百座。窑内分工也更加精细，有淘土、拉坯等十五六个工序，技艺更加精湛。矿业方面，乾隆四十八年（1783年），已有了13处（不含偷采的），云南产铜，每年多达四万余斤；广东的铁炉，高者一丈七八尺，每炉每昼夜可出铁12次，每次出铁三百多斤。四川的盐井，雍正八年（1730年）增至5939眼，到乾隆二十三年（1758年），更是发展到8307眼，井深达几十丈，甚至几百丈，盐厂的分工也更精细。

农业、手工业的发展，更促进了商业的发展。乾隆时期，出现了经营汇兑、存款、信贷的票号商，这些票商具有巨额资金。此外，最富的商人，还有盐商和行商，行商垄断的资金多达几千万两。

工商业的发展，促进了城市的繁荣，"上有天堂，下有苏杭"这句谚语，就出现在这一时期。当时，苏州城的人口已不下50万，加上郊区超过了一百万余。阊门之外，踹坊就有四五百处；盘门、葑门等处，也是万家灯火。南京，乾隆时也发展到了四五十万人，灯影里的秦淮河，桨声不断，歌舞升平，茶楼酒馆，欢声不绝。广州，当时被称作"金山珠海，天子南库"。在这里，已有几十个单位与外国贸易，乾隆五十七年（1792），清朝对西方国家的贸易，已超出二百四十多万两。乾隆年间，长江河岸的无锡、镇江和汉口被人誉为"布码头""银码头"和"船码头"。当时，汉口已成为长江中游最大的商品集散地。至于北京，那就更是全国贸易中心了，安定门外的"外馆"、城内御河西岸的"里馆"，随时迎送着全国各地的客商。

## 四、乾隆对历史的八大贡献

乾隆在位60年，做的事情很多，光记载他言行的《清高宗实录》就达1500卷，其主要历史功绩归纳起来有八个方面。

### （一）编修文化典籍

如果说康熙是位学习型皇帝，雍正是位改革型皇帝，那么，乾隆则是一位文化型皇帝。乾隆在文治方面做的事情主要有：

（1）主持纂修《四库全书》。乾隆帝继位以来，经常在想，如果把明末战乱时散失的书籍都收集整理出来，岂不是一件很好的功德？这样既可以进一步笼络大批知识分子，充分显示自己重视文化的积累，又可以借机把民间藏书统统审查一下，去掉不利于清朝统治的内容，真是一举两得。于是，乾隆下诏特赦被充军新疆的纪昀回京来做总纂，组织文人学者开始整理编辑。

纪昀，字晓岚，是清朝著名的大才子，才华出众，机敏过人，又擅长说笑，很受乾隆喜欢。由于他为人耿直，不趋炎附势，所以屡遭和珅等人的忌妒陷害，曾沉浮多次，但由于乾隆帝格外赏识，因此才多次危中脱

四库全书

险。在编纂书籍时，有一次乾隆问纪昀："纪爱卿，此书取个什么名字呢？"

纪昀才华过人，也十分机敏，当乾隆问他时，他已想好名字，但他知道乾隆博古通今，文才出众，不敢贸然回答，看着皇帝沉吟、微笑的神态，似有所得，于是躬声回答说："皇上是否想把古书皆藏于经、史、子、集四库之中，而取名《四库全书》？"

乾隆高兴地说："正是，书名就叫《四库全书》，你们编写书籍的地方叫'四库馆'。"

此后，在总编纂纪昀的带领下，戴震、钱大昕、赵翼、王鸣盛等300多位名流学者开始了辛勤的工作。他们收集古今图书两万多种，然后加以筛选。

经过纪昀及四库馆全体人员20年的共同努力和认真工作，这项巨大的《四库全书》工程终于完工了。全书共收书3461种，79309卷，装成了6275册。《四库全书》总共抄写了七部，藏于皇宫的文渊阁、圆明园的文源阁、避暑山庄的文津阁、沈阳的文溯阁、杭州的文澜阁、镇江的文宗阁、扬州的文汇阁等七处，这对后人研究我国古代灿烂丰富的文化遗产，是一项重大贡献。但应该指出，由于在《四库全书》编撰过程中有几千册书籍被认定为不利于清朝统治而销毁，给汉文化的流传造成了不应有的损失。但总体来说，《四库全书》的编撰应该是功大于过的。

（2）编修《满文大藏经》。乾隆命令将汉文、蒙古文《大藏经》译成满文，由章嘉呼图克图总领这件事，并要求每翻译一卷，立即上呈乾隆帝，以等裁定，这是一项巨大的文化工程。

（3）整理《无圈点老档》。《无圈点老档》（又叫《满文老档》《老满文原档》《旧满洲档》）是以无圈点老满文为主书写的，是现存最为原始、系统、详尽、珍贵的清太祖、太宗时期编年体史料长卷。该档形成于清入关前，到乾隆中期已经百余年，文字难以辨识，纸张年久老化，字迹漫漶不清。

乾隆命令编纂人员对《无圈点老档》进行整理，用无圈点老满文和加圈点新满文分别重抄，先抄出草本各一部，再抄出正本存内阁各一部，另抄出副本存沈阳崇漠阁各一部，并抄出存上书房一部，总计共抄七份。

（4）敕编《八旗通志》《满洲源流考》《钦定满洲祭神祭天典礼》等。

（5）命编《御制五体清文鉴》，这是多民族文化的一个硕果。

（6）重视京师文化建设。表现在：一是编绘了《京城全图》，二是于敏中等奉命撰《日下旧闻考》，共160卷，为北京历史文献集大成之作；三是编修《国朝宫史》，对宫廷的历史、建筑、文化、典制等做了载述。

## （二）维护并兴建皇家园林

乾隆时，在北京及其周边地区保护、维修、兴建的皇家宫殿园林，如宁寿宫及其花园、天坛祈年殿（换成蓝色琉璃瓦）、清漪园（即颐和园）、圆明园、静宜园（香山）、静明园（玉泉山）、避暑山庄、外八庙和木兰围场等，其中清漪园改瓮山为万寿山，上建大报恩延寿寺（排云殿），又建佛香阁。这些皇家园林，是园林艺术史上的一颗颗明珠，现在多数已成为世界文化遗产。

## （三）贡献诗文才华

乾隆帝是一位非凡的文学家、语言学家、书法家、诗人和学者，他不仅精通新满文，而且熟知老满文，不仅对汉文十分精通，还懂蒙文、藏文、维吾尔文等多种语言文字。

乾隆一生写了大量诗文，其中诗总计42613首，而《全唐传》所收唐代2200多位诗人的作品，才48000多首，有《乐善堂全集》、《御制诗集》（五集）、《御制诗余集》等诗集；文章1350余篇，有《御制文初集》《御制文二集》《御制文三集》《御制文余集》等文集。当然，这些诗文中，有一部分是他人代作的。

## （四）免除天下钱粮

据统计，乾隆十年（1745年）、三十五年（1770年）、四十三年（1778年）、五十五年（1790年）和嘉庆元年（1796年）先后五次普免全国一年的钱粮，三次免除江南漕粮（其中一次为400万石），累计免除赋银2亿两，约相当于5年全国财赋的总收入。需要说明的是：乾隆的免除钱粮是在社会经济繁荣的状况下进行的。当时，有大臣提出反对意见说："国家经费，有备无患，今当无事之时，不应蠲免一年钱粮。"

对此，乾隆认为："百姓富足，君孰与不足？朝廷恩泽，不施及于百姓，那将施于何处？"

乾隆的这一思想是一种仁政爱民的思想，特别是他"民富则君足"的观点，值得人们深思。因此，乾隆的行为受到人们的普遍欢迎，"诏下之日，万方忭舞"。

## （五）统一新疆

乾隆不仅"崇文"，而且"宣武"，其成功之一就是统一了新疆。在北疆，他两次平准噶尔，使土尔扈特部回归，基本解决了北疆问题。清军平定北疆后，南疆回部贵族试图摆脱清朝，自掌一方。为此，清军同回部军在库东、叶尔羌（莎车）等几座重镇进

乾隆朝服像

行了激战，最终获胜，重新统一了南疆奠定了新疆是中国不可分割的领土的事实。

乾隆在南疆实行因俗而治，设立阿奇木伯克制，由清廷任命，并设参赞大臣等官，分驻各城，加强统辖。又制定《回部善后事宜》，对南疆管理体制进行改革。乾隆在新疆设伊犁将军，实行军府制，修筑城堡、驻扎军队、设置卡伦、巡查边界、移民实边、进行屯垦，加强对新疆地区的管辖。

乾隆平定准、回各部，统一新疆，不仅加强了中央政府对西域的统辖，而且铲除了威胁京师及大西北的祸根，保持了西北、漠北及青海、西藏的社会安定。

## （六）完善治理西藏

乾隆曾两次派兵打败喀尔喀（今尼泊尔）的侵犯，制定了《钦定西藏章程》，章程中规定：

（1）设驻藏大臣督办藏内事务。

（2）在西藏驻军，分驻前藏、后藏。

（3）达赖、班禅等圆寂后，在驻藏大臣亲自监督下，用金奔巴瓶掣签决定转世灵童，这是乾隆的一个创造。当时设立的"金奔巴瓶"有两个，一个放置在雍和宫，现已成为文物；另一个放在西藏大昭寺，此瓶沿用至今。

（4）西藏对邻国贸易必须进行登记。

（5）西藏货币一律用白银，正面铸"乾隆宝藏"四字。

《钦定西藏章程》是西藏历史上的重要文献，标志着清朝对西藏进行全面有效的管辖，同样奠定了西藏是中国不可分割的领土的历史事实。

（七）修砌浙江海塘

浙江原有的柴塘、土塘经不住海潮的冲击，乾隆命拨银两将柴塘改为石塘，其修建石砌海塘四千余丈，加强了这一地区抵御海潮侵袭的能力，这是利民的一个举措。

（八）中华各族一统

乾隆在其祖宗已有成就的基础上，进一步巩固并开拓了中国的疆域版图，维护并加强了中华多民族的统一。乾隆时的中国疆域，东起大海，西达葱岭，南至曾母暗沙，北跨外兴安岭，西北到巴尔喀什湖，东北到库页岛。清朝"三祖三宗"——太祖努尔哈赤、世祖顺治、圣祖康熙和太宗皇太极、世宗雍正、高宗乾隆最大贡献就是维护了中国的边疆版图，巩固了中华多民族国家的统一。

乾隆能将祖宗的基业发扬光大，在文治武功方面都有建树，确为一代有为之君，尤为难能可贵的是他在有生之年做出的"禅位"决定和行动。

早在乾隆四十三年（1778年）九月二十一，乾隆就宣谕说："昔皇祖御政六十一年，予不敢相比，若邀穹苍眷佑，至乾隆六十年，予寿八十有五，即当传位太子，归政退闲。"这道谕旨的意思是说，他的祖父康熙皇帝在位61年，自己不敢相比，如果自己能在位60年，就当传位给太子。

到了乾隆六十年（1795年）九月初三，85岁的乾隆皇帝，在圆明园勤政殿召见皇子皇孙和王公大臣，宣示立皇十五子嘉庆王颙琰为皇太子，以次年为嘉庆元年，到期让政。

嘉庆元年（1796年）正月初一，在太和殿举行了内禅大礼，乾隆被奉为太上皇，乾隆禅位后，又训政三年零二天，后人于是多讥评乾隆名为退位，实禅而不退。不过，纵观中国自秦始皇以下两千年的皇朝历史中，内禅让政者，前君罕见，后君亦无。宋仁宗储位既定，郁闷不乐；宋英宗立太子后，潸然泪下，比起这些来，乾隆的禅让还是有一点超脱的。

## 五、盛世下的危机

乾隆执政时间过长，虽然自诩"持盈保泰"，但是月满则亏，泰极否来。乾隆晚年，志骄意满，思想僵化，懒于进取，做出了许多错误事情，积累了严重的社会矛盾，而西方世界却发生了划时代的巨大变化，乾隆盛世的外衣下已经潜伏起了巨大的危机。

（一）乾隆时西方世界的巨变

在乾隆时代，世界上主要发生了三件大事：

（1）英国工业革命。乾隆三十年（1765年），英国纺织工哈格里夫斯发明新式纺车珍妮纺纱机；乾隆五十年（1785年），英国卡莱特发明水力织布机；同年，英国瓦特改良蒸汽机。而后，嘉庆十年（1805年），美国富尔顿发明轮船；嘉庆十九年（1814年），英国史蒂芬逊发明蒸汽机车。也就是说，西方发生了新的生产力革命，历史上把它称作工业革命。

（2）美利坚合众国的建立。乾隆三十九年（1774年），北美爆发了独立战争；乾隆四十八年（1783年），北美独立战争取得了胜利；乾隆五十三年（1788年），第一届美国国会在纽约召开；乾隆五十四年（1789年），华盛顿就任美国第一任总统，两年后，美国通过《人权法案》。

（3）法国资产阶级革命。乾隆五十四年（1789年），法兰西举行三级会议，爆发资产阶级大革命，发表《人权宣言》；乾隆五十八年（1793），法国国王路易十六被处死。

以上三件大事再加上此前的英国资产阶级革命，具有划时代的意义，它们是人类新的生产力和新的社会政治制度的诞生，改变了整个世界的政治格局，极大地影响了世界历史的进程。

此外，在当时的世界上，还发生了一些令人注目的事件：乾隆二十年（1755年），俄国建立莫斯科大学；乾隆四十五年（1780年），美国科学院在波士顿成立；乾隆四十九年（1784年），哥伦比亚大学成立；同年，德国出现第一位女医学博士，这些，标志着人类新文明的曙光的亮起。

而这时的乾隆正陶醉在中华古老文明的夕阳辉煌之中。乾隆六十年（1795年）会试，各省上报80岁以上参加会试者116人，实际参加会试并三场完竣者92人，乾隆听了这件事非常高兴，对参加会试的这些老人大加赏赐，乾隆借兴教尊老之名，正在粉饰他的太平盛世。

乾隆这种对西方工业科技的巨大进步和世界发展潮流的浑然不觉，更突出地表现在接见英国使臣马戛尔尼的访华中。

## （二）英使马戛尔尼访华

18世纪中叶，英国进入产业革命时期，随着蒸汽机被普遍应用于生产领域，逐渐取代了传统的手工劳动，使社会生产力得到突飞猛进的发展。为了在海外寻求原料产地和商品市场，英国政府积极推行对外侵略和扩张政策。由此，地大物博、人口众多的中国，成了英国侵略的目标。但此时的中国，对海外贸易有很多限制，外贸港口只有广州一处，远远不能满足以英国为首的西方国家对华贸易的需求。

马戛尔尼像

为改变这一状况，扩大对华贸易，英国政府于乾隆五十二年（1787），曾派使节喀塞卡特前来中国，但未到达即病死途中。乾隆五十七年（1792年），英国政府又派出更高级别的使团来中国，全权特使为富有外交经验的英国驻孟加拉国总督马戛尔尼勋爵。使团以向中国皇帝祝寿为名，于乾隆五十七年八月初十从英国朴次茅斯起程，经大西洋、印度洋，至中国南海，然后由浙江、山东沿海北上，在乾隆五十八年（1793年）六月抵达天津大沽口，随行人员包括副使司当东及军事、技术人员等700余人，并带有英王致乾隆帝的信件和各种礼品，礼品包括：天文望远镜、地理测绘仪、乐器、钟表、图册、车辆、武器、船只模型及各种丝织品，价值总共一万三千多英镑。

清廷对马戛尔尼使团来华开始十分重视，乾隆帝多次为此颁布谕旨，命令沿海各省，如英国使船过境或泊岸，派官员迎送犒劳。马戛尔尼一行到达天津时，直隶总督梁肯堂专程从保定来到天津负责接待。英国使团在天津稍事休息后即前往北京。到北京后，留下部分技术人员在圆明园和大内安装所带仪器外，其余人员随马戛尔尼赴热河（今河北承德）避暑山庄谒见乾隆帝。此时，双方在使团谒见乾隆帝时的礼节问题上发生了激烈争执。

以往，西方国家派使团到北京，也常就谒见皇帝的礼节与中国政府发生争执，甚至因此而陷入僵局，险些使访问失败。此次英国使团来访，清廷仍然妄自尊大，将其视为文明低下的"蛮夷之邦"，理应匍匐在自己脚下，坚持要求使团成员见乾隆时要行磕头礼。而当时已成为西方"海上霸主"的英国也目空一切，骄横傲慢。同时，皇权专制已经在西方没落，自由平等的人权观已经在西方流行，再向专制帝王行三跪九叩的礼仪已经被认为是愚昧的象征，因此，英国使节拒绝了清政府的这一要求。使团到达热河，争论仍未解决，乾隆帝对此很不满意，甚至以"全减其供给"相威胁。最后，双方总算达成妥协，马戛尔尼等人以见英王之礼谒见乾隆帝，以单膝下跪，但免去吻手动作。

乾隆终于在避暑山庄万树园接见了使团，随后，马戛尔尼向清政府提出了英国方面的要求，希望乾隆同意他们使臣常驻北京，在北京设立洋行，希望中国开放天津、宁波、舟山等为贸易口岸，在广州附近拨一些地方让英商居住，又希望英国货物在广州至澳门的内河流通时能获免税和减税的优惠。本来，这是可以谈判的事，但对乾隆来说却不存在任何谈判的可能。他在给英国国王写的标题为《赐英吉利国王敕书》的信中说："天朝尺土俱归版籍，疆域森然，即使岛屿与沙州，亦必划界分疆各有专属。""从无外人等在北京城开设贷行之事。""此与天朝法制不合，断不可行。"

这几句话，至今还有人认为充满了爱国主义的大义凛然，与以后清廷签订的卖国条约不可同日而语，但事实上它们之间存在着必然的逻辑联系。

康熙早在1684年就已经开放了海禁，在广东、福建、浙江、江苏分设四个海关欢迎外商来贸易。过了70多年，乾隆反而关闭其他海关只许外商在广州贸易，外商在广州也有许多可笑的限制，例如，不准学说中国话、买中国书，不许坐轿，更不许把妇女带来等。康熙向传教士学习西方自然科学，关系不错，而乾隆却把天主教给禁了。自高自大，无视外部世界，满脑子天朝意识。当初雍正、乾隆是如此反感孔子儒家的"华夷有别""尊王攘夷"等民族偏见意识，现在这些观念都已融入到乾隆的骨髓中，乾隆王朝表面繁荣的外衣下，内部已经开始腐烂了。

马戛尔尼使团走了，他们要求与清政府建立外交和商业联系、扩大对华贸易的目的未能实现。但是，他却看穿了乾隆盛世虚华的外衣下，已经腐败衰弱的肌体，它就像一艘"破烂不堪的头等战舰"，虽然在体积和外表上强于邻船，可一旦由"没有才干的人在甲板上指挥，那就不会再有纪律和安全了"。

清朝对君主专制文明的追崇，对一种落后文明的崇拜，使清王朝的大厦出现了凶兆。

## 点　评

乾隆承接祖、父们的基业，终于迎来了清王朝的最大繁荣；而他的灵魂也完全被华夏古老的君主专制文明所同化，所陶醉，看不到外面新世界的滚滚潮流，"乾隆盛世"的外衣下潜伏着巨大的危机。

# 第八章 大贪官和珅

嘉庆从乾隆手中接过了权力，同时也接过了盛世外衣下的一连串危机，其中最紧迫的是和珅的问题。历史上的和珅官做到侍卫大臣、议政大臣、文华殿大学士、首席军机大臣。在后世的影视作品中，和珅是一个油头滑脑、阿谀逢迎、机关算尽、不学无术的奸臣形象，在人们的眼里，他没有什么才能，只会阿谀逢迎，因而不断遭到像刘墉、纪晓岚这样正直大臣的捉弄，其实并非如此。

## 一、出身满洲，聪明机敏

和珅生于乾隆十五年（1750年），比乾隆小39岁，钮祜禄氏，满洲正红旗人，他的父亲任福建副都统，和珅十岁左右，有幸进入皇宫里的咸安宫官学，学习儒家经典和满、蒙文字，受到良好的教育。乾隆三十五年（1770年），他21岁参加顺天府乡试，没考中举人。但由于其出身满洲正红旗，做了宫廷三等侍卫，开始出入宫廷，这给他提供了接近乾隆的机会。但乾隆的侍卫很多，为什么会欣赏一个低等侍卫和珅呢？

据野史笔记记载：

和珅像

有一次，乾隆要出巡，突然找不到仪仗用的黄伞盖，就问这是谁的责任？很多侍卫吓得不敢吭声，和珅却在一旁说："管此事者，当负此责。"

这句话给乾隆留下了很深的印象。又有一次，乾隆在轿子中边行进边背诵《论语》，突然忘了下文，在轿旁跟班的和珅脱口而出接上，乾隆由此很喜欢他。

乾隆四十年（1775年），乾隆到山东巡视，和珅随从。乾隆喜欢乘一种骡驾驭的小车，每行10里，更换一次，其快如飞。有一天，和珅碰巧服侍乾隆坐小骡车，在路上，乾隆看见和珅，问："你是什么出身？"

和珅回答说："文员。"

乾隆又问："你下过场赶考吗？"

和珅说："庚寅年曾参加过科举考试。"

乾隆又问："什么考题？"

和珅说："孟公绰一节。"

乾隆又问："现在能背你做的文章吗？"

和珅于是一边行进一边背诵，流畅异常，乾隆于是说："你的文章也中得。"

乾隆同和珅的这次谈话，成了和珅政治生涯的转折点，从此，和珅得到乾隆的赏识，官运亨通，青云直上。

## 二、精明干练，拉帮结派

和珅是一个既有学问又善权术的人。他天资聪颖，勤奋好学，多才多艺，通晓满、汉、蒙、藏四种语言文字，又亲善热情，广结善缘，办事干练，成绩突出。

乾隆用兵西藏和喀尔喀时，所有的谕旨都是用满、汉文下达；颁给达赖和喀尔喀的敕书，则兼用藏文和蒙古文。大臣中能懂藏文的非常少，只有和珅能把这些谕旨，用满文、蒙古文和汉文等各种文字撰写出来，加以翻译，并把事情办理得很好。

乾隆四十五年（1780年），31岁的和珅接受了一项重要任务，就是远赴云南查办云贵总督李侍尧贪污案。和珅一到云南，首先拘审了李侍尧的管家，取得实据后，迫使精明强干的李侍尧不得不认罪。和珅从接受这个任务，到乾隆下御旨处治李侍尧，前后只用了两个多月。

和珅由于在这次办案中表现出了出众的才华和干练的能力，在回京途中，就被乾隆提升为户部尚书。从此以后，和珅依靠乾隆掌握了朝中大权，又利用手中的大权拉帮结派，扩大自己的势力。

他把弟弟和琳在几年之内就从一个内阁小官升为四川总督，他又拉拢军机大臣福长安。福长安是乾隆孝贤皇后的亲侄子，他的父亲傅恒和哥哥福康安都曾经任军机大臣等高官,但福长安本人没有什么本事,对和珅言听计从。和珅门下的吴省钦和吴省兰,以及只会溜须拍马的山东巡抚伊江阿等都成了和珅的亲信。

## 三、联姻皇亲,投上所好

乾隆喜欢和珅,给和珅6岁的儿子赐名丰绅殷德,不久,又将自己最宠爱、年方5岁的小女儿皇十女和孝公主指配与和珅之子丰绅殷德。十公主被乾隆视为掌上明珠,并于乾隆五十四年(1789年)下嫁完婚。下嫁时,乾隆赐给大量财物,十倍于前驸马福隆安。从此,和珅与乾隆的关系,不仅是主仆君臣关系,而且是姻亲关系。

和珅在朝20多年,重要的升官和封爵达50次之多。其原因之一,就是和珅善于揣摩乾隆心思,投其所好,博得其欢心。

乾隆一生喜爱做诗,和珅为了迎合乾隆皇帝,下功夫学诗、写诗,取得很深的造诣,他经常与乾隆和诗,历史档案中至今保存着当年和珅与乾隆和诗的文档。

乾隆爱书法,和珅就刻意摹仿乾隆的书法,他写的字酷似乾隆的御笔,乾隆后期有些诗匾题字,干脆交由和珅代笔。

乾隆崇奉喇嘛教,对佛教经典颇有研究。和珅也学佛经,有的书说和珅同乾隆一起"修持密宗"。

乾隆是老人，喜欢别人奉承照顾，和珅就陪伴在乾隆左右，对皇上服侍照顾，体贴周到。比如，朝鲜《李朝实录》载：和珅虽贵为大学士、军机大臣，但每当乾隆咳嗽吐痰的时候，他就马上端个痰盂去接。

乾隆晚年生活奢华，大兴土木，为自己建造宁寿宫及花园，以作退闲颐养天年之所。他六次南巡，沿途建了30座行宫，花费巨大，乾隆大寿，举万寿大典和千叟宴等事，都是和珅总管的，和珅能想方设法满足乾隆的奢欲。

总之，和珅同乾隆有着一种极为特殊的、难以言明的密切关系。乾隆的宫女、嫔妃、太监都没有文化，不能同他交谈诗文、书画、佛经，也不能帮他处理军国大事，进行多种语言文字交流。和珅对乾隆来说，是一个没有人可以代替的陪伴和助手。

## 四、贪得无厌，打击异己

仗着乾隆的宠信，和珅用各种手段聚敛钱财，比如侵吞、纳贿、索要、放债、开店、收税、盘剥盐商等。凡是外省进贡皇上的礼物，都要经过和珅这一关，他从中截取，以致他所藏的珍珠手串，比皇宫的还要大、还要多。

据说，在和珅被查办的前一天，乾隆的七阿哥派人来求和珅想个办法救救他。原来，这个王子不慎打碎了皇宫中一个直径尺许的玲珑剔透、光彩夺目的碧玉盘。这是皇帝平素最心爱的珍宝器皿，七阿哥怕嘉庆龙颜大怒，怪罪下来，所以赶紧派人来求和珅，和珅随手取出一块精美玉盘，对来人笑笑说："这有何难，看看这个玉盘可否代替？"来人一见，顿时就乐得两眼眯成一条线，手捧这块比皇宫那块强好多倍的玉盘，一路小跑带回去给了七阿哥。

当时的官员们想得到一个肥差，或想保住高官禄位，或想飞黄腾达，或欲免除牢狱之灾、杀身之祸，无不走和珅的门路，并付以重金行贿。另外，他还明里暗里敲诈勒索各地官员。

有一次，闽总督伍拉纳等为凑齐给和珅的财宝，竟然公开吊打州县官员，聚敛钱财。这样上行下效，各州县官员严刑拷打公差、衙役，公差、衙役又去加重对老百姓的盘剥和搜刮，这种一层压一层的腐败，最后引起了大规模的起义，他们以"官逼民反"为口号，把矛头直接指向和珅参见附录：白莲教和天理教起义。

和珅谙熟官场之道，但他的所作所为并不是始终不露痕迹，总有一些人来弹劾他，为此，和珅千方百计地堵塞或拦截通向皇帝的信息渠道，对异己打击报复，如御史曹锡宝想参劾和珅家人刘全，以打开缺口参劾和珅，但他不慎走漏了消息，被人连夜向和珅告密。和珅知道后，在乾隆跟前预先做了铺垫，曹锡宝因此反被革职留用。

嘉庆帝对和珅专权贪污早有耳闻，心中极为不满，但碍于乾隆的情面，投鼠忌器，敢怒而不敢言。乾隆去世后，嘉庆主持朝政后的第一件事就是迅速查办、处死了和珅，抄没了家产。有张流传的抄家清单这样记载着和珅的财产：

田地八千顷，当铺七十五家，银号四十二家，古玩铺十三家，带花园的楼台一百零六座，还有大量金银、珠宝、器皿等；仅各种各样的衣服就有：貂皮的一千五百零二件，杂皮的一千二百四十三件，其他衣服五千三百十六件。他的整个家产，折合白银竟然达九亿多两，这么大的数字远远超过了清廷十余年的总收入（每年七千万两），其贪污款项之多，数额之大，真是前所未有。自古以来，无论是王恺、石崇都不及和珅的十分之一，就是中外的皇帝，也没有这么大的私人财产。

### 点　评

和珅依靠乾隆的宠信，贪得无厌，在他通向财富的巅峰时，也为自己掘好了坟墓。大贪官和珅的事情表明，乾隆盛世的外衣下，清廷内部已腐败到了极其可怕的地步！

## 第九章 鸦片战争始末

清朝后期，中国的专制皇权制度已经陷入没落时期，这种腐朽的社会制度严重地阻碍了历史前进的脚步。而这时西方世界由于出现了新的社会生产力和社会制度，迅速地壮大了起来。经济的高速发展使他们开始寻求对外扩张的目标，并很快地把目光投向了清朝统治下的中国。

## 一、罪恶的鸦片贸易

起初，由于清政府的"闭关锁国"政策限制着中外贸易的发展，使英国的工业品在中国很难倾销，几乎没有什么市场，而中国的茶、丝等土特产在国外却备受青睐，出口量逐年递增。在中英贸易中，中国长期处于出口大于进口的有利地位，白银内流，这种发展趋势，使西方列强很恼火。当一般商品在中国打不开市场时，英商很快就又找到了新的商品，那就是鸦片。

鸦片俗称大麻，是用罂粟汁液熬制而成的一种麻醉剂，是吸食的毒品。鸦片不仅具有高出成本很多倍的高额利润，而且长期吸食，还有成瘾的后果，把鸦片销入中国，无疑是为自己开拓了一个巨大的市场，利润就会长期滚滚而来，于是英商就开始向中国大量走私鸦片。随后，美、俄等西方列强看到巨大的利润，也纷纷加入到这种一本万利的"贸易"中。

鸦片走私到中国，给中国社会、清政府和广大人民带来了严重的祸患，中国人的身心健康受到严重损害，社会生产力急剧下降。鸦片一到中国首先被很多清朝文武官员接受，由于吸食成瘾，这些官员再无心思处理政务、军务，结果使吏治更加黑暗腐朽，军队战斗力一度削弱。为了满足吸食鸦片的耗费，官员们又拼命地在百姓中间索取钱财，百姓的生活更加贫困。同时，由于鸦片的大量输入，国内的白银开始大量外流。鸦片的流入，由来已久，雍正时每年走私进口鸦片200箱，乾隆时增至1000箱，嘉庆时增至4000箱，到道光时，鸦片走私更是嚣张的突破了30000箱，流失白银3000万两，这使清政府本来就很紧张的财政更加拮据。

罪恶的鸦片贸易给中国造成了如此严重的灾难，使中国人民与外国侵略者之间的矛盾日益尖锐激化起来，强烈要求禁烟的呼声日益高涨。

## 二、林则徐虎门销烟

对于鸦片毒品，早在雍正时期，雍正就开始禁烟，乾隆也下过禁烟令，嘉庆也屡下令禁烟，但都收效甚微，且愈演愈烈。到道光时，鸦片已经泛滥成灾，禁烟的要求已经成为全国的共识。道光皇帝也认识到问题的严重性，鸦片一天不禁，人民便一天不能安宁，统治阶级的政权便有倾覆的危险。在这紧要关头，道光帝任命林则徐为钦差大臣，前往鸦片走私活动最猖獗的广东禁烟。

林则徐（1785—1850），福建侯官县（今福建福州）人，出生于一个下层知识分子家庭。传说在林则徐降生的时候，新任的福建巡抚徐嗣曾，正好乘坐一顶大轿，在侍卫随从的簇拥下，从他家门口经过，林则徐的父亲认为这是个好兆头，便给儿子取名则徐，希望他长大后能像徐嗣曾那样读书做大官，光宗耀祖。

林则徐像

林则徐4岁入私塾，7岁开始习作，他聪明早慧，13岁中秀才，19岁中举人，27岁中进士，他历官14省，任过监察御史、布政使、河道总督、巡抚、总督和钦差等官职。

1839年3月，林则徐到达广州后，严查烟贩，整顿水师，惩办不法官吏，晓谕外商呈缴鸦片。当时，英国商人根本无视中国政府的主权，广东当地群众群情愤怒，很多群众来到英国使馆前，要求公使义律交出逃到这里的大鸦片贩子，石头和瓦块成了中国老百姓的武器，纷纷投向英国使馆院内，林则徐领导的禁烟运动在人民群众的支持下，终于迫使英美烟商缴出鸦片一百一十多万公斤，从6月3日到25日，虎门海滩燃起熊熊大火，所有鸦片当众销毁，这就是震惊中外的"虎门销烟"，它表现了我国的民族尊严和浩然正气是神圣不可侵犯的。

## 三、第一次鸦片战争

虎门销烟以后，林则徐下令恢复了中英贸易，但坚决禁止鸦片输入。他对外国商人实行了"奉法者来之，违法者去之"的方针，任何国家的商船，只要不夹带鸦片，都允许进口。

英国的商务监督查理·义律则利用各种机会扩大事态。他下令英国商船一律不准进口做买卖，并要求英国政府派兵，准备武力解决。1839年7月，在九龙的尖沙咀发生了英国水手行凶伤人事件，村民林维喜被重伤致死。林则徐要求英方交出凶手，义律无理拒绝，并于9月率英舰闯进九龙借机挑起战事，炮击九龙山口，中国方面予以还击，打退英舰进攻，此为九龙之战。10月，义律又率英舰闯入珠江口，在穿鼻洋阻拦英国商船，并与中国水师接战，这就是穿鼻之战。此后，英军在10天之内6次进犯中国军队的驻地，均被击退。

1839年12月，道光帝在接到穿鼻之战的奏报后，命令停止中英贸易，1840年1月，林则徐奉旨宣布断绝中英贸易。

而英国资产阶级挑起侵略战争蓄谋已久，禁烟问题成了他们发动战争的导火线。早在1832年，英国船只"阿美士德"号就来到中国测量沿海港湾的船道，调查沿海港口的情况，并绘制成图。同时，对中国的军事、政治和经济进行刺探。1835年，该船船长胡夏米向英国政府提出了武装侵略中国的建议，并提供了具体的作战方案。

于是虎门销烟事件一传到英国，英国内阁便于1839年10月1日召开会议，做出了"派遣一支舰队到中国去"的决定。1840年2月，英国政府任命曾在好望角舰队担任总司令的海军上将乔治·懿律和商务监督查理·义律为正、副全权代表，懿律为侵华英军总司令。4月英国议会正式通过了发动侵华战争的决议案，6月，一支由48艘舰船、540门大炮和4000名士兵组成的远征舰队，从印度侵入中国广东海面，一场由英国资产阶级挑起的"旨在维护鸦片贸易而发动的对华战争"正式爆发。

战争从1840年6月下旬开始到1842年8月下旬结束，历史上称这次战争为"第一次鸦片战争"。"第一次鸦片战争"经历了三个阶段：

第一阶段，从1840年6月下旬英军封锁珠江口开始，至1841年1月义律发布《穿鼻条约》为止，历时7个月。其过程是：英军到达中国海面后，对广州进行了封锁，广州军民在林则徐的带领下，对入侵英军已严加防备，义律见无隙可乘，调转船头，率兵北窜。7月，英军进犯福建厦门，

鸦片战争

新任闽浙总督邓廷桢已有防备，英军也未能得逞。英舰又继续北驶，进犯浙江，攻陷防御薄弱的定海。接着部分兵舰又北上，于8月到达天津白河口，义律在这里递交了英政府给清廷的照会，英国在照会中提出赔款、割地、自由贸易等要求，并声称，如不答应，将"相战不息"。

定海的失陷使清廷大为震动，道光帝十分恐慌，决定对英军实行笼络政策，寄希望于和谈，并派直隶总督琦善前往天津白河口，与英军谈判交涉。琦善在交涉中屈膝求和，他表示：林则徐等人在广东查禁鸦片"操之过急"，实属"办理不善"，一定要"重治其罪"，希望英军退回广东具体谈判，保证能得到满意的结果。

英国侵略者在得到琦善的保证后，于9月中旬折回南方。道光帝于9月17日任命"退敌有功"的琦善为钦差大臣，赴广东继续办理中英交涉。同时，以"办理不善"的罪名将林则徐、邓廷桢革职查办，抵抗派因此受到沉重打击，妥协派开始占上风。

琦善到达广州后，对义律提出的各项无理要求无不一一允诺，只是对割让香港一事，不敢做主，表示要"代为奏圣恩"。1841年1月，英军发动突然进攻，强占大沙角炮台，炮台守将陈连升等进行了顽强抵抗。在战争中，陈连升以身殉国。然而，琦善却下令撤退各炮台的守兵。1月20日，义律单方公布了《穿鼻草约》，草约包括清政府割让香港，赔偿烟价600万两白银等条款。1月26日，英军强行占领香港。

第二阶段，从1841年1月清政府又宣战开始至5月《广州和约》订立为止，历时4个月。其过程是：1月27日，大沙角炮台失守的消息传到北京，道光帝大为恼火，感到定海尚未交出，英军又在广东挑衅，立即下诏对英宣战。他将琦善革职问罪，任命奕山为靖逆将军、户部尚书隆文和湖南提督扬芳为参赞大臣,调集军队17000人开赴广东,重新开战。

义律获悉清政府调兵遣将的消息后,先发制人,于2月下旬抢先对虎门炮台发起了进攻,62岁的水师提督关天培亲自上炮台,率军英勇抵抗。在战斗中,他多处受伤,血染衣甲,依然紧守阵地,誓死不撤。而这时还在广东前线负责军队的琦善,竟拒绝派兵增援。关天培终因孤立无援,弹尽粮绝,与守军数百人壮烈牺牲。

4月,奕山等人才带领军队来到广州。5月下旬,在没有切实准备的情况下贸然对英船发动了一次夜袭,结果溃败逃回广州。英军趁机反扑,几乎没有遇到什么抵抗,就轻易占领了城郊的泥城、四方的炮台,包围了广州城,并炮袭城内。奕山等人则高悬起白旗,派广州知府余保纯出城向英军求和。

5月27日,奕山与英军订立了屈辱的《广州和约》。和约规定:清军在6天内撤驻广州城外,7天内缴纳600万两白银的"赎城费",赔偿英国商馆损失30万两白银。

第三个阶段,自1841年1月英军再度进攻厦门开始到1842年8月《南京条约》签订止,历时12个月。

1841年4月,英国政府获悉义律发布的《穿鼻草约》内容后,大为不满,认为这个条约中所获取的权益太少,决定撤回义律,改派曾在印度任职的璞鼎查为全权公使。

8月下旬,璞鼎查率军进犯厦门,总兵江继芸领兵御敌,力战牺牲,厦门陷落。9月,英军又北犯定海,总兵葛云飞、王锡朋、郑国鸿等率部抵抗了6个昼夜,重创英军。10月1日定海再度失陷,三个总兵先后遇难。10月中旬,英军进攻镇海,负责镇海防务的总督裕谦率军抵抗,而浙江提督余步云却临阵逃脱，镇海失守，裕谦投水自尽。随后，英军又攻占了宁波。

浙东三城的失陷，大大震动了朝廷。为了保住江南财富之区，道光帝下令重新迎战。10月18日又任命奕经为扬威将军，从多省调集军队2万人赶赴浙江前线，奕经一路游山玩水，于1842年2月才到达绍兴。随后又同奕山一样，对战事不做认真准备，兵分三路袭取浙东三城，结果被打得大败。奕经等人逃回杭州，从此不敢出战。

于是道光帝从忽战忽和转为一意求和，下令沿海各省不许进兵，并任盛京将军耆英为钦差大臣，到浙江前线办理议和停战事宜。然而英国侵略军拒绝了议和的请求，开始大举入侵长江流域。5月，英军攻陷海防重镇乍浦。6月，英舰进攻吴淞口要塞，年近七旬的江南提督陈化成率守军5千人顽强抵抗，而后援两江总督牛鉴却闻风逃遁，陈化成孤立无援，战死在炮台。随后，上海、宝山相继陷落。英舰又溯长江西上，7月攻陷镇江。8月初，英军侵入南京下关江面。耆英到达南京，向侵略者乞降。他在给道光帝的奏报中说："该夷船坚炮猛，初尚得之传闻，今既亲上其船，目睹其炮，益知非兵力所能制伏。"

于是耆英接受了璞鼎查提出的全部条款，不敢提任何异议。8月29日同英军签订了丧权辱国的《南京条约》，进行割地，赔款，丧失主权，给英侵略者以特权。这是中国近代史上第一个不平等条约，是中国沦为半殖民地的一个重要标志。

## 四、第二次鸦片战争

第一次鸦片战争过后十多年，西方列强发现了清王朝已经软弱无能的本质，于是步步紧逼，扩大在华的利益。尽管清政府一再妥协退让，也根本满足不了侵略者贪得无厌的胃口。为了扩大在鸦片战争中所获取的权益，进一步打开中国的门户，英、法经过精心周密的蓄谋策划，准备再次发动侵华战争。为了制造战争借口，英、法、美三国在1854年和1856年先后向清政府提出"修约"的要求，均遭到清政府的拒绝。

1856年2月，法国传教士马赖窜入广西西林县以传教为名，进行非法活动，因他作恶多端，民愤极大，被当地政府处死。同年10月，中国走私船"亚罗号"因窝藏海盗受到广东水师搜捕，英国驻广州代理领事出面横加干涉，谎称该船为英国的舰船，诬告中国水师侮辱英国国旗。法、英两国政府就这样堂而皇之地分别以"马神夫"事件和"亚罗号"事件为借口，组成英法联军，悍然发动了新的侵华战争。由于这次战争是打着全面修改鸦片战争所订条约的幌子进行的，历史上称为"第二次鸦片战争"。

这次战争从1856年10月开始，英军以香港为基地，向广州附近各地炮台发动了疯狂猛烈的进攻。12月，法国派军来华协同英军对中国守军作战，美国和俄国见此，也出兵充当帮凶，公开支持英法的侵略行径，没多久,这些外国的侵略军占领了广州。

1858年4月,英、法、美、俄四国又得寸进尺,更加肆无忌惮,派出大批军舰长驱直入,沿海北上到了大沽口,又一路耀武扬威,直达天津城外,并大肆扬言要攻取清朝的"心脏"北京。在侵略者的淫威恫吓之下,清政府再次屈膝投降,被迫于6月与美、俄、英、法分别签订了《天津条约》,再次割地赔款,以换来一时的安宁。

1859年6月,侵略者利用换约之机,进一步扩大对华侵略战争。1860年8月,英、法军舰浩浩荡荡,由俄人引路,占据北塘,后占领天津,进逼北京。清廷上下,慌作一团,争相逃命。9月22日,咸丰帝率后妃、大臣们逃往承德避暑山庄,命恭亲王奕䜣向侵略者求和。10月,英法联军控制北京,在京津地区肆意烧杀淫掠,有"万园之园"美称的圆明园被侵略者彻底洗劫后纵火焚毁。10月下旬,在英、法联军的武力威逼和沙俄的恫吓下,清政府不得不与英、法交换了《天津条约》。然后又与英、法、俄分别签订了《北京条约》,第二次鸦片战争至此结束。

在第二次鸦片战争中,沙俄趁火打劫,胁迫清政府先后签订了《中俄瑷珲条约》《北京条约》《中俄勘分西北界约记》。短短几年之后,沙俄轻而易举地从中国掠夺了150万平方公里的土地,美国也趁机掠取了和英、法两国同样的侵略特权。

第二次鸦片战争,使中国社会在政治上、经济上和文化上的半殖民地化程度进一步加深了。

## 五、鸦片战争失败的原因及责任

认识鸦片战争失败的原因，有一个过程，开始一些人认为责任在严禁派与主战派，其代表是林则徐，道光帝于是罢了林则徐的官，并将他充军新疆伊犁。后来一些人认为责任在弛禁派和主和派，其代表是穆彰阿、琦善等。应当说，后者的认识较前者进了一步，但还有深入探讨的空间。

鸦片战争时期，西方列强的经济和军备的确比较先进，处于资本主义上升时期，而清政府经济落后、君主专制、吏治腐败和军备落后，这是主要原因。但事物还有其特殊性，要对具体历史事件进行具体的历史分析，鸦片战争，从战略和战术两方面讲，清朝是有可能打胜的，而不是弱国就必然失败。

清朝道光时期人口达4亿，俨然是东方的一个大国，而当时英、法等国没有强大到无法抗拒。军事上英、法等国跨越重洋，长驱远袭，以动对静，以劳对逸，而且兵少，同时当时欧亚交通艰难，英、法等战线太长，补给困难。当时英、法军等使用的武器，如海军虽用蒸汽机装备，但很多还是帆船，陆军虽使用后膛装弹的火枪和火炮，比清军稍先进一些，但并不像后来差距那么大。相反，清朝却是本土防御作战，以静对动，以逸对劳，而且兵多。再从民心看，英、法是侵略一方，清朝是反侵略一方，并得到国民的支持。

况且以弱胜强、以少胜多的例子，历史上也是很多的。道光、咸丰皇帝的先祖在当年的萨尔浒之战和松锦之战，八旗军都是以弱胜强、以少胜多的。

在国外也有相似的例子。光绪二十一年（1895年），意大利寻找借口，入侵非洲埃塞俄比亚，埃塞俄比亚国王孟尼利克二世，号召军民抵抗侵略，发布公告："我决心保卫我们的国家，给予敌人反击，一切有力量的人都跟我来吧。"

随后，孟尼利克二世积极备战，埃塞俄比亚军民也空前团结，有力者出力——指参军，有钱者出钱——指出衣物、粮食，组成了一支有11万人和40余门大炮的军队。经过两年奋战，埃塞俄比亚军民用落后武器打死打伤意军一万一千余人，打败了意大利侵略者。意大利不得不乞和，签订了《亚多斯亚贝巴和约》，承认埃塞俄比亚完全独立，赔款1000万里拉。

因此，无论从战略上还是战术上，清朝都是有可能战胜英国及其他西方列强的，但清朝却被打败了，这失败的主要原因和责任都应归结于清王朝的腐败。

道光帝39岁登基，在位30年，没有什么才能，只知道艰苦朴素，穿的裤子还打过补丁，朝中大臣竞相模仿。他不能采纳忠言，在关键时刻不能做出正确的决策，对国外列强过于无知，竟问部下："英吉利至新疆各部，有无旱路可通？"

这本是早在康熙时期就已经解决了的常识问题，他对西方的政治、经济、军事、地理一无所知，却无知者无畏，对英国的坚船利炮，依然不屑一顾。他又过于无勇，假如他有当年努尔哈赤亲自指挥萨尔浒大战的精神，有皇太极抱病亲自指挥松锦大战的意志，有康熙三次亲征噶尔丹的气魄，率军御驾亲征，调动天下勤王，等侵略军在天津大沽口登岸后聚而歼之，第一次鸦片战争是不会打输的，当然也不会有《南京条约》之耻，无知无勇，不能正确决策，在战和之间反复无常，自毁长城。

因此，第一次鸦片战争的失败、丧权辱国的《南京条约》的签订，道光帝应负主要历史责任。道光是中国两千年帝制史上，第一个同西方列强签订丧权辱国条约的皇帝。

道光的儿子咸丰，更是无胆、无识、无远略、无才能、无作为。他做了11年的皇帝，显然是个历史的误会。有历史学家曾用陆游《钗头凤》里的三个"错"来评价他11年皇帝生活的三个特点："错！错！错！"

他的第一错是错坐上了皇帝的宝座。道光晚年，在立储大事上犹豫不定，人选在皇四子奕詝和皇六子奕䜣之间徘徊。皇四子奕詝（即咸丰），"长且贤"，也就是年龄最大，又很仁孝；皇六子奕䜣，虽为庶出，但家法传嗣，不分嫡庶，而且"天资聪颖"，能文能武。传说，道光帝宠爱奕䜣的生母孝静皇贵妃，所以曾写好谕旨，要立奕䜣，但书写时被太监窥见，最后一笔特长，猜想写的是"詝"字，而不是"䜣"字，这件事传了出去，道光帝很不高兴，便改立为奕詝。这虽是一个传说，却说明一个道理，道光应该立奕䜣而不该立奕詝，咸丰错坐了皇帝的宝座，皇六子奕䜣身体很好，头脑聪明，文才不错，武功也好，还有所发明和创造，而奕詝却只有一点仁孝。

又据野史记载：道光晚年身染重病，一天，召皇四子与皇六子入对，将以决定太子位。两位皇子都请教自己的师傅，问询如何应对。奕䜣师傅卓秉恬说："皇父如有垂询，当知无不言，言无不尽。"奕詝的师傅杜受田则对奕䜣说："阿哥如条陈时政，知识不敌六阿哥。唯有一策，皇上若不久于此位，阿哥就伏地流涕，以表示孺慕之诚而已。"他们兄弟俩都照着自己师傅说的做了。结果，道光对皇四子奕䜣的话很高兴，认为皇四子仁孝，于是将奕䜣定为太子，这就是《清史稿·杜受田传》所载"藏拙示仁"的故事。

总之，普遍认为，道光留下的宝座，应当由奕䜣坐，皇六子奕䜣无论德行、文武才能，都是道光诸皇子中最优秀的，结果却被奕䜣错坐了皇帝的宝座。

咸丰皇帝的第二个错是英法联军入侵时逃离了皇都北京。当年，明成祖朱棣迁都北京，原因之一就是"天子守国门"，抵御入侵。明朝的崇祯皇帝，在社稷危难之时，既不迁都逃跑，也不抵抗，而是登上煤山自缢而死。可是咸丰却在大敌侵入时，不尽职守，不守国门，带领老婆儿子、王公大臣逃之夭夭，还美其名曰"巡狩"。他逃到避暑山庄做了些什么呢？史载的所有资料都显示他在山庄里贪女色、贪丝竹、贪美酒、贪鸦片，咸丰帝是个没有国君使命感和历史责任感的人。他在英法联军侵入北京的历史事件上，不仅有过，而且有罪。

咸丰帝的第三个错就是错定了诰命大臣。在临终前没能正确平衡主要政治力量之间的关系，导致辛酉政变的发生，从而出现皇太后"垂帘听政"的局面，影响中国历史近50年！

雄才大略的人物主政可以把国家民族引向强大，而昏庸无能的人主政则会把国家民族引向衰败，治政者的选择不可不慎啊！

### 点 评

鸦片战争留给人们的反思将是永远的。它既暴露了清政府及一些投降派官僚、贵族们的奴颜媚骨，昏庸无能的政府是国家民族的大害，又显示了一些爱国大臣、将领们抵御外来侵略的民族气节，伟大的中华民族不屈不挠保家卫国的斗争精神是摧不毁的。而西方列强在鸦片战争中表现出来的野蛮行径，又向人们昭示出了西方文明在畸形中发展的事实。当150年后英国米字旗在香港降下的时候，无论英王储的讲话是多么冠冕堂皇，但他心底的感觉肯定是不好受的。

昭西陵

# 第十章 太平天国运动

鸦片战争以后，清政府被迫签订了一系列不平等条约，不仅要割地，还要大量地赔款。为了支付这些巨额的赔款，清朝统治阶级只好把债务转嫁到农民身上，拼命地搜刮民财。广大农民本来已经不堪忍受地主阶级的压榨，这突如其来的沉重债务更是雪上加霜。生活不下去，只好奋起反抗，于是又一次大规模的农民起义爆发了，这就是洪秀全领导的太平天国运动。

## 一、金田起义

洪秀全，广东花县人，1814年出生于一个农民家庭。他的远祖据说是从江西先迁到潮州，后来，因不堪富豪的侮辱和压迫，又从潮州迁居嘉庆州（今梅县）。到他的曾祖父洪英纶时，又由嘉州迁居广东花县。洪秀全的父亲洪镜扬，为人正直，母亲王氏，早年病故。他有两个哥哥，名仁发、仁达，一个姐姐，名辛英，还有一个妹妹，名宣娇。由于家境贫寒，父兄都以种田为生。洪秀全7岁那年，被送入私塾读书，由于聪明过人，不几年就熟读了四书五经，博得了人们的赞许，有几位私塾师傅自愿免收学费，以资鼓励；他的亲族也主动捐赠衣服，给予支持；父亲洪镜扬自然更加爱怜少子，不顾家境贫困艰难，支持洪秀全修学业，希望他能通过科举考试而走上仕途。

洪秀全刻苦勤奋，博览群书，从16岁开始，多次去广州应试，却屡屡名落孙山。1843年，洪秀全重整旗鼓，再次去了广州应试，结果又失败了。这次失败对他的打击异常沉重，从此，洪秀全彻底放弃了通过科举以求功名的梦想，对现实产生了不满情绪。就在洪秀全犹豫不决、迷茫彷徨、苦于找不到出路的时候，一天，他在广州街头遇到了一位身穿明朝服装的西方传教士，正带着一名翻译进行传教活动，当时被称为"讲街书"。第二天，他又在那条街上遇到了这二人，并且得到了一本基督教传道书——《劝世良言》。从此，这本书改变了洪秀全的人生道路。

这本书宣扬上帝面前人人平等，不分贫富贵贱，人们应该崇拜上帝，不要崇拜其他邪神，这样就可以进入天国等。这些思想给洪秀全很大的启发，他不禁想：如果每个人都能够虔诚地信仰上帝，在人世间建立一个人人平等、不分贵贱的世界，那么世道就会安宁平和。一天，他把一桶干净的泉水浇到自己头上，决心改头换面，与旧世界决裂。洪秀全就这样成了一个狂热虔诚的布道者，他每到一处，便大肆宣传鼓动，说：

"受苦受难的兄弟姐妹们，我是奉天父之命特地来解救你们的。天

太平天国军官

父认为人生来就是平等的，不分贫富贵贱，只要你们信奉上帝，将来就能过上太平的日子，愿你们都能改恶从善，弃旧迎新，那么太平之日就不远了。"

在洪秀全的影响下，他的同学冯云山、族弟洪仁玕也加入到信上帝的行列，他们把摆在家里的孔孟牌位砸得粉碎，并且把众多儒家典籍付之一炬。这一行动，在当时产生了很大的影响，也引起了族人及卫道士的强烈攻击。1844年4月，他们迫于无奈，只好背井离乡去广西传教。一路上，历尽千辛万苦，但收效不大。后来，冯云山来到地势险要、人民受苦最深的桂平县紫荆山，开始了艰苦的传教工作，并在那里创立了"拜上帝会"。洪秀全则回到广东花县，开始了两年多的著述活动，他写了《原道救世歌》和《原道醒世训》，在这两本书中，他把自己关于上帝面前人人平等、人不分贫富贵贱的观点进一步系统化和通俗化了，这些思想后来对农民影响很大。

1847年，洪秀全来到紫荆山找冯云山，让他喜出望外的是，"拜上帝会"这一组织在冯云山的积极努力下已发展到三千多人，于是，他俩又共同制订了宗教仪式和十款天条。1847年12月，他们率领众人捣毁了当地穷凶极恶的甘王神像，从而声威大震，名传四方。

洪秀全和冯云山在有了一定群众基础和威信后，便在暗地里开始积极筹划举行起义。这时，洪秀全又写了《原道觉世训》，他在书中第一次提到社会的两大对立营垒——正善与邪恶，他大力号召天下兄弟姐妹共同打击邪神。他还在《太平天日》中编造了一个神话，说洪秀全在1837年生病时上过天，并且还见到了天父，天父上帝亲手交给他一把宝剑和一方大印，他是耶稣之弟，是"真命天子"，此次他受天父上帝之命下凡斩除邪恶，伸张大义，替天行道，开太平世界。

通过这一系列活动，起义在思想、理论和舆论上的准备工作基本完成，时机渐趋成熟，拜上帝会这时已形成了以洪秀全、冯云山、杨秀清等人为领导的核心，他们精诚团结，准备轰轰烈烈地干一番事业。

1850年7月，洪秀全下令各地会友务必于11月4日前到达金田村集结，到这年年底，他们的队伍已发展到两万多人。一天，洪秀全、冯云山二人正在花洲山人胡以晃家中密谋筹划举行起义，不料有人告密，官府得到了这一消息，立即派兵包围了洪秀全等人，杨秀清于是率众援救，双方展开了激战，最后起义军将敌人全部歼灭，这就是太平天国历史上的"迎主之战"。

接着，清江协副将伊克坦布又率领贵州兵向金田村发动猛攻，哪知太平军早有准备，其在金田村外围布置了大量伏兵，还把清兵必经的蔡村江木桥完全拆毁，彻底截断其退路。1851年1月，当伊克坦布率领官兵路经此地时，突然杀声四起，太平军从四面八方涌来，似神兵天降，官军被打得措手不及，晕头转向。伊克坦布一见大势不妙，正想逃跑，被太平军一下子围住，当场斩首。这样，太平军又取得了蔡村江大捷。

这两次战役的胜利，大大增长了太平军的士气，太平军也更加壮大了。1851年1月11日，正好是洪秀全38岁生日，拜上帝会全体会众正式在金田村宣布举行起义，定国号"太平天国"，从此，轰轰烈烈的太平天国运动开始了。

## 二、永安封王和定都天京

金田村起义后，洪秀全随即颁布条令，纪律严明，对百姓秋毫无犯。起义军众志成城，英勇顽强，所向披靡，进入桂平。清廷钦差大臣李星沅为了全力镇压太平天国起义，把从广西、广东、云南、贵州、湖北、福建调集的军队一万多人派往桂平，以广西提督向荣为前线指挥。面对清军的围攻，太平军英勇奋战，1851年2月，在排岭大败向荣所部。3月，太平军进入武宣县东乡扎营。在东乡，洪秀全登基称天王，同时任命杨秀清为中军主将，萧朝贵为前军主将，冯云山为后军主将，韦昌辉为右军主将，石达开为左军主将，同主军务。

5月，李星沅在武宣病死。清政府派大学士、军机大臣赛尚阿为钦差大臣赴广西督办军务，命广州副都统乌兰泰为帮办，对太平军朝廷进行围攻。9月，太平军在平南宫村同清军的战斗中，击溃清军大部，取得空前胜利。随后，太平军乘胜前进，一举攻克永安州，这是太平天国金田村起义后占领的第一座城市。

在永安，太平军进行了休整补充，并制定了各种制度。12月，洪秀全颁布封王诏令，封杨秀清为"东王"，萧朝贵为"西王"，冯云山为"南王"，韦昌辉为"北王"，石达开为"翼王"。

太平军在永安停留了半年多时间，清军三万多人陆续开到永安，包围了州城。太平军因长期困守，城中粮、盐、弹药都很缺乏，便决定放弃这座城池，突围北上。1852年4月3日，洪秀全发令突围，太平军在突围中，使清军遭受重创，四个总兵全部丧命，乌兰泰也被杀得只剩数十名残兵，躲在深涧内才免一死。

永安突围成功后，6月3日，太平军攻克全州，在全州战役中，南王冯云山中炮牺牲于水塘湾。9月11日，太平军进逼湖南省城长沙，12日，萧朝贵亲自指挥攻城，身先士卒，不幸中炮负伤，随后牺牲。洪秀全、杨秀清闻讯，率领全军自郴州赶赴长沙增援。12月，攻克长沙外围的益阳、岳州。在益阳、岳州期间，太平军获得大量军火、船只，数千船民、纤夫踊跃加入起义军，组成水营。从此，太平军不仅有了一支强大的陆军，而且有了一支庞大的水师。

1852年底，太平军放弃长沙，由岳州出发，分水陆两路，沿江而下，连取湖北重镇汉阳、汉口，围攻武昌。1853年1月12日黎明，太平军占领武昌全城，清廷湖北巡抚常大淳等败死。2月，洪秀全、杨秀清放弃武昌，统率大军，水陆并进，攻克江西九江、安徽安庆，安徽巡抚蒋文庆败死。3月8日，太平军兵临南京城下。3月19日，攻破南京外城，斩两江总督陆建瀛。20日，攻克内城，杀了江宁将军祥原厚，太平军终于占领南京全城，取得起义以来最大的胜利。

随后，洪秀全改南京为"天京"，把它作为太平天国的都城，正式建立了与清王朝相对峙的政权。不久，洪秀全颁布了"天朝田亩制度"，提出了"耕者有其田"的口号。

此时，在太平军的威逼下，清政府慌了手脚。清兵与曾国藩领导的地主武装湘军等用重兵合围天京，洪秀全派李开芳、林凤祥率两万太平军继续北伐，北伐军直捣直隶，威逼北京。与此同时，洪秀全又派赖汉英等将领亲率水军一千余只战船沿长江西征，历经三年苦战，奋力拼杀，到1856年上半年，太平天国已经控制了江西、安徽、湖北和江苏的大部分地区，并先后击溃了清军的江北大营和江南大营。太平军越战越勇，捷报频传，官兵却屡屡败退。此时太平天国在军事上和政治上达到了前所未有的全盛时期。

## 三、太平天国的分裂

太平天国在南京建都以后，太平军的力量和发展形势很快达到了全盛时期。但就在这时，在天京竟然发生了一场意想不到的大变乱，太平天国领导集团内部发生了严重的内讧，几位领导人为了争夺权势，竟不惜用武力相互残杀。

这时，东王杨秀清在太平天国领导集团中的实力增强，想建立自己的最高统治地位，向洪秀全"逼封万岁"。1856年8月22日，杨秀清有恃无恐，竟派人将洪秀全召到东王府，摆出一副盛气凌人的样子，居功自傲地用"天父"的口气对洪秀全说："尔与东王均为我子，东王有特大功劳，何只称九千岁？"

洪秀全被迫无奈地说:"东王打江山,亦当是万岁,东王既万岁,世子亦便是万岁,且世代是万岁。"

事后,洪秀全心怀极大不满,对杨秀清的所作所为十分恼火,立即秘密召回在江西的韦昌辉和在丹阳的秦日纲,准备采取果断手段,置杨秀清于死地,以防后患。

很快,韦昌辉率领3000精兵于9月1日深夜到达天京,悄悄地包围了东王府,又令士兵闯进东王府内把杨秀清及其全家通通杀死。之后,双方所率各部在天京城内展开了激烈的交战,杨秀清所部的两万多人被韦昌辉消灭,秦日纲追随韦昌辉也参加了这次屠杀杨秀清及其家人的行动。翼王石达开闻讯后带领随从从湖北急速赶回天京,愤怒地斥责韦昌辉心狠手辣,滥杀无辜。韦昌辉听后很恼火,又要派人去杀石达开,石达开吓得赶紧连夜逃走。直到11月,洪秀全为形势所逼,不得不下令杀了韦昌辉和秦日纲,才平息了这场可悲的内乱。

韦昌辉被杀后,洪秀全召石达开回天京辅政。不久,洪秀全对石达开又生猜疑,为了防患于未然,他便封自己的两个兄长为王,以牵制石达开。1857年6月,石达开对这种状况十分不满,一气之下,带领十多万太平军的精锐部队离开天京,向四川进军。从此,太平天国的政治、军事力量就更加分散和削弱了。

这次内乱对太平天国的命运影响极大,内部不团结,使政权受到了极大的打击。在这种情况下,洪秀全亲自掌握了政权,他提拔重用有才干的青年将领,重新建立领导核心。他任命后起的将领陈玉成、李秀成、李世贤、韦志俊和蒙得恩为前后左右中五军主将,洪秀全自兼军师。这样,暂时填补了杨、韦死后和石达开出走后的领导空缺。陈玉成、李秀成、李世贤后来果然有所作为，成为太平天国后期的军事支柱，取得了一些军事上的胜利。

## 四、石达开兵败大渡河

天京之变的风波结束以后，11月底，石达开从湖北赶回天京，受到众人的热烈欢迎，洪秀全听取大家的意见，封石达开为圣神电通军主将翼王，总理军政要事。然而，自从杨、韦事件后，洪秀全对石达开也有了戒心，他怕石达开力量强大了也步杨、韦的后尘，对自己构成威胁，再度形成专权挟制的被动局面，所以再也不敢相信异姓王，极力牵制并削弱石达开的力量，而让洪家兄弟参与朝政，封自己的两个哥哥为安王、福王，说是与翼王"共襄朝政"。不论什么事情，安王、福王不点头也行不通。而安王洪仁发和福王洪仁达两兄弟，不学无术，只知作威作福，不知创业艰难。由他们参与军政，只会误了军国大事。石达开忍无可忍，愤而去见天王，要向他陈说利害。可是洪秀全却避而不见，并派人出来转告他说："天王万岁有旨，达胞若有事，可与安、福二王共商。"

于是石达开一气之下，率领亲信愤然离开天京，一去不回头。他转战安徽、江西、浙江、湖南、广西、湖北、云南、贵州等省，虽然多次歼灭、击溃过清王朝的军队，但没有固定的根据地，四处飘荡，站不住脚，部队得不到休整与军需品的补充。1861年，石达开部下庆吉元、朱衣点、彭大顺等人又率亲兵第一军、第二军离开石达开，返回天京。

这不仅削弱了石达开的兵力，也影响了义军的情绪。石达开无奈，将剩余的军队编为前、后、中、左、右五个军，实际只有5万人。石达开从四川石柱转战到云南昭通，沿途又招收了一些人马，队伍发展到十几万人，但士兵素质太差，也混进一些散兵和土匪流寇。1863年2月，石达开考虑，昭通不是久留之地，想效仿孔明进驻四川休整备战，再图中原。他又知道，当时的四川总督是原长沙巡抚骆秉章，此人有勇有谋，要取四川，绝不能硬拼。

于是，石达开派大将李复猷率兵3万，由贵州入川，派前军宰辅赖裕新率军2万绕入宁远府，想吸引骆秉章出来堵击，从而牵制骆秉章。然后，石达开亲率7万大军出昭通越过金沙江，直入四川，并命其他二部随时保持联系，务于5月20日前会师合攻成都。

不料，赖裕新率领2万大军入川，在中洲坎遇到骆秉章袭击，全军覆灭，赖裕新在激战中身负重伤，壮烈牺牲。而李复猷的3万大军，一路不断受到骆秉章大军的堵截，连连失败，前进无望，又与石达开联系不上，只好退师云南。

这两军都已失败，石达开丝毫不知，当石达开率军到达四川宁远府时，守城的清将正是骆秉章。石达开命令攻城，连攻连败，伤亡惨重，毫无进展，而其他几路清兵，也纷纷向宁远府集结。石达开发现自己处于清兵的包围之中，立即命令退兵。当队伍退到猛虎岗时，又中了骆秉章的埋伏，粮食辎重损失过半。石达开命令将士选敌人薄弱处突围，结果到了安顺场，前面是波涛汹涌的大渡河，后面是气势汹汹的清兵，还不断受到当地土司的袭击，太平军只剩下了6000人马。

石达开想拼死一搏突围，但给养有限，士兵又疲惫不堪，士气低落，军队基本失去了战斗力。无论从战斗力、地理环境还是物质供应方面，对太平军都极为不利，突围根本没有希望。在被困的日子里，石达开的内心进行激烈的斗争。1863年6月6日，他以太平天国圣神电通军主将的身份，给松林地总领王千户写了一封信，他在信中说："我恭奉天命，亲自统领大军，辅佐圣主，恢复大厦，他日太平天国一定会统一天下，希望王总领以大局为重，认清形势，早日休兵让路。"

但王千户并没有被说动，石达开率领他的军队在艰苦的环境中坚持着，可时间一长，石达开自己的思想也动摇了，一度存于心底的消极情绪再次膨胀起来。他越来越感到，自己戎马一生，驰骋天下，到头来两手空空，而且战争只会劳民伤财，甚至鸡狗都跟着遭殃，不禁叹道："唉，天不遂人愿，既然命里注定，我又奈何！"

短短半个月，石达开像变了一个人。6月22日，他又给清朝四川总督骆秉章写了一封信，信中说："我私下想过，如果我为朝廷做事，一定有享不尽的荣华富贵，可天下的忠臣从不事二主，我石达开也是重义之人，我甘愿舍身捐躯，来保全三军兵士的性命，以此来表达我对天主的敬仰之情。即使斧子架在脖子上，粉身碎骨，我也死而无憾。"

接着，石达开带着自己6岁的儿子，在黄原忠、曾士和、韦善诚三位将军的陪同下坦然地去敌营谈判。石达开以为骆秉章是天王洪秀全的同乡、同学，一定比其他朝廷官吏开明，能给太平军将士留下一条生路，可石达开把问题想得太简单了，骆秉章虽然文武全才，但为人却非常狡诈，看到石达开自己送上门来，心中高兴地想："你想得美，先把你抓起来，然后再收拾那些逆贼。"

当石达开等人进入营后,立即从营内、营外冲出数十名伏兵,将石达开5人全部捆绑起来。这时,石达开才清醒过来,敌人永远是敌人。当夜,骆秉章下令以火箭为号,从四面袭击石达开部队,一夜之间,数千名太平军官兵惨遭屠杀,侥幸逃出的,也在沿途被截杀,所剩无几。

1863年6月25日,石达开等5人在成都全部遇害,骆秉章连一个6岁的孩子都不放过,可见其残忍之心。

骆秉章用太平军将士的血,染红了自己的顶戴,不久被提升为太子太保,然而好景不长,4年后,病死在四川。

## 五、洪秀全含恨归天

石达开走后,洪秀全想起自金田村起义以来,6名异姓兄弟,死的死,走的走,仅剩自己一人,不禁感到胸口疼痛,食不甘味,睡不安寝。萧朝贵、冯云山战死的惨景,杨秀清、韦昌辉的不仁不义,使他后悔怀疑石达开的忠心,但又觉得石达开过于绝情。他随即免去了善谗而又无能的哥哥的王位,但不到4年,又封洪仁达为勇王,洪仁发为信王。

李秀成以其军事天才成了太平天国的重要将领和后期主要统帅,被封为忠王。早在1853年太平天国定都南京时,李秀成因为杨秀清提拔,被举为右四军帅，随后又陆续升迁为后四监军、殿右二十指挥、二十二检点、地官副、正丞相、合天侯等职。石达开离京出走，他被封副掌率、合天义，与陈玉成共掌军政，不久又升后军主将。他与捻军相呼应，多次与清兵交战，解除了清兵对天京的围攻。1858年，李秀成与陈玉成部会师，进占浦口再破清兵江北大营。1860年5月，李秀成调集数路人马，又破清军江南大营，并乘胜攻克丹阳、常州、无锡、苏州等地，直逼上海。

当时的上海，有英、美等殖民主义者的租界，他们与清朝统治者相互勾结，共同敌对太平天国。英国驻华公使普鲁斯就曾说："皇家海陆军当局应该采取适当措施，保卫上海，抵抗任何力量的攻击。"6月，一个名叫华尔的美国人在美国公使的指使下，组织了一支"洋枪队"，准备和清军一起大力镇压太平军。

7月中旬，太平军打到上海附近时，李秀成照会英、美、法三国公使，向他们宣布，太平军保护在上海的外国居民不受侵犯。但英、美、法三国公使非常傲慢，对这个照会置之不理。7月16日，华尔率领"洋枪队"猛烈攻打太平军占据的松江和青浦两个地方，双方展开激战，一时间枪声大作，硝烟四起。8月2日，太平军的援军及时到达青浦，大破"洋枪队"和清军。太平军奋力杀敌，取得辉煌战果，杀死洋兵六七百人，得洋枪两千条，火炮十余门，洋炮一百余门，船数百条，在这次战斗中，华尔受重伤五处。

1861年初，洪秀全命陈玉成率北路军，李秀成率南路军，再次西征。命两军同时出发，于3月在武汉郊外会师，然后一齐攻打武汉。陈玉成一路冲杀，势如破竹，顺利攻下距武汉仅有一百里的黄州，并驻扎黄州，等候李秀成。而这时李秀成正在沪浙一带的奉贤、南江、川河与清军和洋枪队交战，打得十分激烈，脱不开身。陈玉成等到4月还没有等到李秀成，这时又接到安庆危急的军报，留赖文光驻黄州等候李秀成，自己率兵增援安庆。围攻安庆的清兵十分强大，结果安庆失陷，守城一万多太平军全部牺牲。陈玉成无奈，退守庐州。6月李秀成才赶到武汉，到达后见陈玉成走了，也没攻武汉，不久又返回了江浙。

安庆失陷后，陈玉成被革去英王之职，戴罪立功。这消息传到曾国藩处，曾国藩喜形于色，大声说："好，我们可以发兵攻打庐州了。"

陈玉成在庐州与清兵血战，清军屡战屡败，然而陈玉成却误中投降清军苗沛霖的诡计，被擒后为天国献身。

陈玉成死后，曾国藩攻占了庐州，接着命其弟——陆军统帅兼江苏布政使曾国荃进驻雨花台，水军统帅彭玉麟驶过护城河，将太平天国首都天京团团围住。洪秀全一天三下圣谕，命李秀成速反师救天京。

于是李秀成率领30万主力部队离开上海战场，返天京进攻围城湘军。此时正是严冬天气，他的军队没带御冬寒衣，粮草供应断绝，但将士仍然奋勇杀敌。虽然洪秀全知道李秀成有才能，但又对他猜疑，怕李秀成拥权自重产生逆心，对他百般限制，百般防范。于是在这个时候，洪秀全一方面命令李秀成冒雪前进，从长江上游解救天京；另一方面又从李秀成部调走部将，削弱他的力量。李秀成孤军奋战江北，竭尽全力攻敌石垒，坚持46天，也未能解救天京。洪秀全又诏令李秀成回京，李秀成只得将军队再分。如此，战死、病死、饿死及掉队者达十余万人。

在这形势极为不利的情况下，李秀成赶到天京，劝洪秀全说："内无粮草，外无救兵，应该让出天京，转移出去，再图大计。"而洪秀全却说："你怎么知道天京守不住了？我奉上帝圣命来到人世杀妖安民，为天下唯一真王，我有天兵天将，守城杀敌定能成功。"

李秀成的"让城另走"建议遭到洪秀全的拒绝，而洪秀全的两个哥哥洪仁发、洪仁达也日夜防范着李秀成。

洪秀全拒绝李秀成的建议后，精神的压抑、心理的扭曲和过度的享乐，使他精疲力竭，病势日渐加重又拒绝医治，终于在1864年6月1日病故，时年50岁，他的儿子洪天贵继位。

过了一个月，天京陷落。李秀成护送幼主以数百骑乘夜色从太平门断墙缺口处突围南走，途中为追兵冲散，幼主逃往湖州，李秀成藏匿民间。后因奸人告密，被曾国藩捕获，不久被处死。

太平军的余部又坚持斗争了一年左右，最后被曾国藩、左宗棠的湘军、李鸿章的淮军以及英、美的洋枪队联合镇压下去了。

## 点 评

太平天国运动，历时14年，遍及18个省，是中国历史上规模最大的一次农民起义，它的兴盛、没落，都是值得人们深思回味的。纵观历史，为什么人类反对专制暴政，追求自由平等幸福生活的大大小小的农民起义很难获得成功？即使有些斗争胜利了，也会最终又拜倒在专制主义的意识之下？一切先贤圣哲对人类理想的设计都缺乏对人性、对这个世界的全面分析，他们的思想和理念仍脱胎并依附在封建专制意识之中。

# 第十一章

## 辛酉政变始末

辛酉政变是中国近代史上一个极为重要的事件，它决定了中国近代史近五十年的命运，并极大地影响到现代。它留给人们许多谜，其中最让中国人遗憾的是，辛酉政变后的同治新政和日本明治维新几乎是同时开始的，日本的明治维新会取得了成功，使日本迅速成为一个和西方列强并驾齐驱的强国，而中国的同治新政却失败了。两国改革起步的水平也几乎是相同的，而中国似乎更优越些。晚清没有人才吗？非也，曾国藩、李鸿章、左宗棠、张之洞这些晚清的中兴大臣都是可以和诸葛亮相比的人物。尽是经天纬地的人才，而国运却一直不昌，这是为什么呢？其中一个重要原因便是辛酉政变及由此而登上中国政治舞台的慈禧。

## 一、叶赫那拉氏慈禧

慈禧出生于满洲镶蓝旗一个官宦世家，她的曾祖父吉郎阿，曾在户部任员外郎，遗留下银两亏空，离开人世。祖父景瑞，在刑部山东司任郎中，相当于现在部里的一个司局长，在道光二十一年（1841年）时，因没能按时退赔其父吉郎阿在户部任职时的亏空银两而被革职。外祖父惠显，在山西归化城当副都统，父亲名叫惠征，在吏部任笔帖式，是一个相当于人事部秘书、翻译的八品文官，后屡有升迁，最大职位做到了安徽省的一个五品道员。

慈禧姓叶赫那拉氏，小名叫兰儿。惠征是官场中的老手，经常走南闯北，往来各地，兰儿跟着父亲，从小就学会了随机应变的本领。兰儿的父亲惠征病死于安徽安庆任上，随后兰儿随母亲返回了北京老家。

兰儿18岁的时候被选入皇宫，因为是叶赫族，始终不能接近皇帝。叶赫族是清军入关前，在东北灭掉的最后一个部落。其部落首领布扬古临死时曾愤恨地说："就是仅剩一女子，也要颠覆满洲。"故清朝祖训，不准选叶赫氏女子入宫。

慈禧画像

但兰儿长得确实迷人，不仅能歌善舞，而且通晓各地音律，特别是江南民曲。有一天，兰儿看到咸丰皇帝在圆明园的花丛竹林中散步，便故意躲在树林深处，娇声娇气地唱起歌来，歌声把咸丰帝吸引住了，他循着歌声的方向慢慢地走到了兰儿身边，发现兰儿长得很标致，就看上了她，封为兰贵人。那拉氏为人机灵，很会猜测皇帝的心思，甜言蜜语，得到了咸丰帝的宠爱，又被封为懿嫔，过了不久，那拉氏就生了皇子载淳。

咸丰帝虽然嫔妃很多，却没有一个生儿子的，这次得了儿子，非常高兴，马上把那拉氏封为懿妃，过了些日子又封为懿贵妃，地位仅次于皇后。因为咸丰帝经常生病，不能料理国事，有时就让那拉氏代笔批阅。从此，那拉氏能和皇帝议论国事，谁也不敢得罪她。皇后钮祜禄氏因为没有生儿子，凡事都让懿贵妃三分，其他嫔妃就更不在话下了。

由于长期参与国事，那拉氏渐渐对皇权产生了极大的欲望。而恰在这时，咸丰帝因英法联军进攻北京逃到承德避暑山庄，又急又气，不久就病死了。机遇、胆识和手腕，使她发动了一场宫廷政变，终于登上了权力的巅峰。

## 二、辛酉政变

咸丰死后，朝廷主要分为三股政治势力：一是诰命大臣势力，即咸丰临终时指定的辅助皇太子载淳治政的肃顺、载垣、端华、景寿、穆荫、匡源、杜翰、焦祐瀛八个大臣，其中以肃顺为首。二是皇族势力，就是以恭亲王奕䜣为首的皇室亲王集团，其他成员还有淳亲王奕誴、醇郡王奕譞、钟亲王奕詥，以及军机大臣文祥、桂良、宝鋆等人。三是帝后势力，也就是两宫皇太后，主要是慈禧。这三股势力都想执掌朝政大权，彼此争斗着，哪股势力能够同帝后相结合，它就会增加胜利的可能性。

从咸丰承德断气之时，三股权力便开始了较量。八大臣先拥立载淳继位为皇帝，改年号为"祺祥"。皇后钮祜禄氏被尊为"母后皇太后"，懿贵妃那拉氏因为是皇帝生母，也被尊为"圣母皇太后"。当然，叶赫那拉氏并不满足，她的目的是要掌握朝政大权，由自己垂帘听政。肃顺等人早就受到咸丰帝的信任，掌握着军政大权，他们对那拉氏也早有戒心，不让她干涉朝政。

这样，那拉氏就对八大臣怀恨在心。她表面上不露声色，却一反常态地对钮祜禄氏亲热起来，对她说："八大臣不可靠，不把他们处置掉，咱们就处处受制。"

钮祜禄氏是个没有主见的人，同时也对八大臣对自己的限制不满，听了那拉氏的话，就说："可咱们手中没有实权，不掌握军队，怎么能把八大臣处置掉呢？"

那拉氏说："这个不用你发愁，我已经秘密派心腹太监去请恭亲王了。"

咸丰的弟弟恭亲王奕䜣，那时刚30岁，本来对咸丰登上皇位心怀不满，咸丰时，被免去了军机大臣、宗人府宗令、八旗都统等要职，成了空有爵位的闲散亲王。但当英法联军进攻北京时，咸丰帝和军机大臣、御前大臣、内务府大臣等外逃到了避暑山庄，几乎没有一个人身临前线，却让恭亲王奕䜣挺身在第一线，处理乱摊子。当奕䜣听到咸丰死时任命的赞襄政务大臣名单中也没有自己的名字时，更是旧怨新恨，汇聚在一起。想往承德奔丧又遭拒绝，奕䜣正在家里发牢骚的时候，侍从们递上了那拉氏的密信，奕䜣拆开一看，顿时喜出望外，认为夺取大权的时机来了，他紧张地进行了一番准备，就快马加鞭地到承德奔丧去了。

当肃顺等见到恭亲王出现在避暑山庄时，全都大吃一惊，他们责问奕䜣说："六王不留守京师，擅离职守，其意如何？"

恭亲王奕䜣说："本王接到两宫皇太后懿旨，令我前来哭灵，以尽手足之情，难道有什么不妥吗？"

肃顺等人这才知道恭亲王是接到太后懿旨而来，毕竟他是咸丰帝同父异母的亲兄弟，人伦之道是不能不讲的，于是无话可说了。奕䜣第一日哭灵，第二日便觐见两宫太后，肃顺等人又竭力阻挠，但奕䜣又振振有词地说："怎么,皇兄驾崩,皇嫂异常悲苦,我做小叔的劝慰一下,也不可以吗?平常百姓还有个婚丧嫁娶,难道皇上的家事你们也要管吗?"

正说话间,一御前太监走来叫道:"两宫皇太后已等候恭亲王多时,请六王爷即刻进见。"

肃顺等只好躲过一边,于是恭亲王在行宫见了两宫太后,商量好了除掉八大臣的办法。奕䜣在热河滞留了两天,尽量在肃顺等面前表现出平和的姿态,以麻痹诰命大臣。然后返回京城作部署。

不久,醇亲王奕譞被任命为正黄旗汉军都统。接着,御史董元醇又上请太后权理朝政的奏折。于是,两宫太后就按御史董元醇的奏折召见八大臣。肃顺反对说:"大清朝从来没有太后听政的先例,而且先皇有遗诏,太后不能擅自更改。"

那拉氏说:"你们连太后的话都不听吗?"

肃顺大声说:"我们是奉命协助皇上,不能听太后的命令。"

接着,双方争吵起来,那拉氏连哭带嚷,八大臣也高声议论,谁也说服不了谁,那拉氏气得两手发颤,指着八大臣说不出话来,连怀抱着的小皇帝也吓得直哭。八大臣从那拉氏那里出来,立刻发出指令,驳回了让太后听政的建议,并规定大臣的奏折上,只能写皇上,不准写"皇太后"字样。

那拉氏知道,没有兵权就不可能掌权。她便和奕䜣一起,把掌握兵权的胜保拉拢过来,完全控制了北京周围的军队。布置就绪后,那拉氏催促八大臣早日动身,护送咸丰灵柩回京。她对八大臣说:"我们两位太后和皇上由载垣、端华七人陪着,从小路先走。肃顺带领军队护送灵柩,由大路走,我们先到北京好率文武百官迎接。"

八大臣不知是计，就照办了。其实，那拉氏这么做，是为了把载垣、端华等七人和八大臣的核心人物肃顺分开，以便各个击破。那拉氏一行从小道急行，比肃顺早四天回到北京。这时，恭亲王奕䜣早就做好了政变的准备，他对那拉氏说："万事齐备，只等太后降旨了。"

　　果然，就在当天，朝廷上下掀起了一片要求太后垂帘听政的声浪，掌握兵权的胜保说："事到如今，非皇太后临朝听政执掌权柄不可，否则，没有办法安定人心，维持政体。"

　　文武官员们看到生死大权都已操在奕䜣、胜保等人手里，谁也不敢出面反对，王公大臣照例到皇宫去给小皇帝请安。那拉氏突然拿出早已写好的以小皇帝名义发布的圣旨，宣布解除八大臣的职务，将载垣、端华等人逮捕。载垣、端华还没弄清是怎么回事，事先安排好的侍卫就如狼似虎地扑上来把他们按倒，押送监禁了。那拉氏又立即派侍卫去捉拿远在路上的肃顺，肃顺护送灵柩走到密云县，天已经晚了，他刚刚睡下，逮捕他的侍卫就闯进门，把他从被窝里拉出来捆绑了。

　　政变成功了，由于这一年是旧历辛酉年，所以叫"辛酉政变"。在向王公大臣宣布八大臣的罪行会上，那拉氏一把鼻涕一把泪地诉说肃顺等人如何不遵法度，怎样欺侮她和小皇帝，说得活灵活现，她还说："先皇根本没有让这些人赞襄政务，这是肃顺等人私自搞的鬼把戏，那先皇的遗诏是假的。"

　　小皇帝载淳也按照那拉氏预先教好的话说："这些人忘恩负义，应该杀头。"

　　最后，恭亲王奕䜣被任命为议政王、军机大臣。那拉氏和奕䜣等商议，决定把他们最恨的肃顺斩首，命载垣、端华自杀，其他五人分别充军或者革职。接着，那拉氏和奕䜣安排载淳登上皇帝的宝座，废除八大臣拟订的"祺祥"年号，改第二年为"同治"元年。那拉氏假装谦卑地说："宋朝有皇太后垂帘听政先例，我不敢独自临朝听政，就和母后皇太后一同听政吧，年号'同治'，就是我们俩一同治理天下的意思。"

## 三、辛酉政变获胜的原因和影响

辛酉政变是君权与相权的一次重大的冲突，它胜利的直接原因有以下几点：

首先，两宫皇太后和恭亲王奕䜣，利用顾命大臣对慈禧和奕力量估计过低而产生的麻痹思想，又利用了帝后掌握着"御赏"和"同道堂"两枚印章，顾命大臣虽可拟旨，但不加盖这两枚印章却不能生效，而两宫太后与奕䜣却有大臣拟旨加盖这两枚印章即能生效的有利条件。

其次，两宫皇太后和恭亲王奕䜣，抢占先机，先发制人，没有随咸丰帝的灵柩同行，从而提前返回争取了时间，同时利用七月十七日咸丰死到咸丰灵柩运往皇宫，其间74天的充分时间，进行政变准备。

再次，两宫皇太后和恭亲王奕䜣，抓住并利用官民对英法联军入侵北京、火烧圆明园的强烈不满，把全部历史责任都推到当时主政的八大臣头上，也把咸丰帝到承德的责任加到他们头上，从而取得了政治上的主动权，争取了官心、军心、旗心和民心，诰命八大臣则成了替罪羊。

辛酉政变表现了慈禧和恭亲王奕䜣的权谋智慧，它的重大结果是清朝体制的一大改变，否定了"赞襄政务"大臣，而由慈安皇太后与慈禧皇太后垂帘听政。同时，恭亲王奕䜣成了议政王，这是当年睿亲王多尔衮辅政的再现。但有一点不同的是，既由皇族贵族担任议政王、军机大臣，又由两宫皇太后垂帘听政，这样皇权出现二元：议政王奕䜣总揽朝政，皇太后总裁懿定，这个体制的最大特征是皇太后与奕䜣联合主政，后来逐渐演变为慈禧独揽朝政的局面。随之产生一个制度：领班军机大臣由亲贵担任，军机大臣满洲两人，汉人两人。在同治时期，大体维持了这种五人军机结构的局面。

辛酉政变后，内有两宫皇太后垂帘听政，外有议政王奕䜣主政，又遇上难得的历史机遇，在国内处于"太平天国"与"义和团"两次重大社会动荡之间，在国际上处于英法联军与八国联军两次入侵之间，政局如同处于两次大风暴中间的缓冲期。同治之前的道光、咸丰，之后的光绪、宣统都没有这样的有利条件，于是开始了同治新政。日本的明治维新也在此时进行。在奕䜣集团的主持下，新政的主要措施有：成立总理衙门、设立同文馆、办新式学校、派人出洋、办厂开矿、修筑铁路等，实行学习西方近代化举措，开始走向开放、进步。

然而，这一新政的效果却与人们的希望相差太远，没能让中国走出困境，基本上只是为中国的未来播下了一些种子，却没有收获；而同期的日本明治维新却使日本成为与西方列强并驾齐驱的强国，这是为什么呢？当然，原因不可能是单一的。中国强大的儒家专制文化传统、几位中兴大臣之间的内耗、国民的素质低下等都是失败的原因。在所有阻碍中国复兴的原因中，经过辛酉政变登上清朝权力巅峰的叶赫那拉氏慈禧的个人因素显然是一个极为重要的原因。

慈禧看起来"具有一般女子没有的远见、胆识、机智、谋略和手腕"，但是，她在综合的素质上仅仅只能算是一个"小市民"，一点也不具有雄才大略，她至多只能算是一个贪权的、充满心机的女人，她所有的心智几乎都化为了权术，一辈子用尽心机只是为了如何保住自己手中的权力，不知道自己手中的权力应该用来干什么。为了稳住自己的大权，她让政治观点相反的几大朝臣势均力敌，相互内耗，造成了整个国家的停滞不前。慈禧将皇权紧紧抓在个人手中，达到了清朝权体制的顶峰。她为了永远垂帘听政，同治死后，又立了一个6岁的儿童做皇帝，当光绪快要成人亲政时，她为了独掌朝纲，先毒死慈安皇太后，进而又免去奕䜣议政王和军机大臣的职务，使奕䜣重新成为一个闲散的亲王。光绪从太和殿亲政大典时起，就被慈禧掌控在手里，或被作为显示自己威严的权杖，或被看作御座上的玩偶。她表面上退居颐和园颐养天年，又规定每隔一日，光绪必须亲自向她奏报政务，听候训示，遇有重大事情，更得随时请旨，名为皇帝，实为傀儡。戊戌变法被她镇压后，光绪被囚禁起来，慈禧又重新出面训政，她到老死也不让光绪掌权，竟有意把光绪毒死。她把自己的私利凌驾于国家民族的利益之上，贪恋权力到变态的地步。也不教育皇子读书的要领，她常在重华宫漱芳斋办事、看戏、传膳，没有协同治国的文化谋略，把自己唯一的儿子同治皇帝也培养成了废物。她独裁中国48年，使中国失掉了一次次变革图强的机会。

慈禧是这样一个贪恋皇权、善于玩弄权术，而实际上没有一点政治远见和经国大略的女人。由这样的女人统治了中国近50年，是中华民族的悲哀。

### 点　评

　　辛酉政变是慈禧权力的顶峰，她走上中国政治舞台纯粹是一种偶然，根本不是那种时势造英雄、应运而生的英雄豪杰。然而，就是这样一个小女人竟主宰了中国命运近50年，极大地影响了中国近代文明的发展进程，这里面，历史的偶然性又转化成了一种历史的必然性，其戏剧性和悲剧性令人感慨并回味不尽。

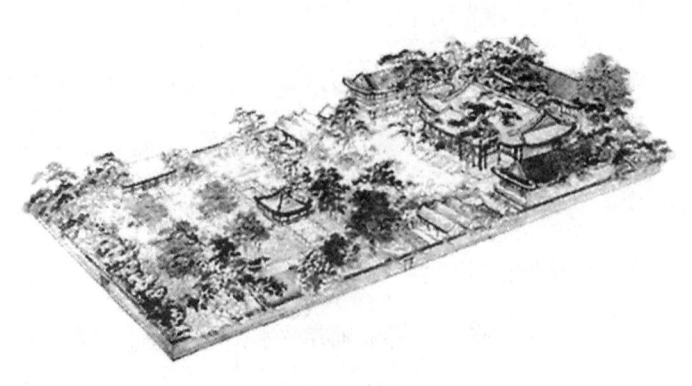

慈宁宫花园鸟瞰图

# 第十二章 晚清中兴四大臣

在晚清中国专制王朝走向没落的时期，崛起四位中兴大臣，他们凭借才能剿灭农民起义，开启洋务运动，企图力挽中华几千年封建专制体制纲常名教的覆灭。

## 一、湘军头子曾国藩

曾国藩（1811—1872），原名子城，字伯函，号涤生，湖南湘乡人。五岁开始在家塾随父亲读书，后在长沙府应试中举，名列第七。1834年，毕业于长沙岳麓书院，同年年底进北京参加会试，一连两次均落第。1838年，再进北京参加会试，终于中第三十八名进士，然后入翰林院，成为主和派重要人物，军机大臣穆彰阿的门生，并被穆彰阿改名国藩。

曾国藩像

1840年，曾国藩以庶常馆散馆授检讨而步入仕途。在以后的十多年中，他潜心研究宋明理学，从韩愈、周敦颐、朱熹到陆象山、王阳明的思想，他都一一探究过，成为"封建社会最后一位道学家"。这一时期，他虽不曾飞黄腾达，也还一帆风顺，十几年工夫便就升任为礼部侍郎兼兵部侍郎。

轰轰烈烈的太平天国运动起来后，在家守孝的曾国藩披袍挂甲，成为维护封建统治的强大柱石。1853年，他接到督办团练的上谕，赴长沙就职。到职后曾国藩以罗泽南等人的"湘勇"为基本力量，成立一个大团，镇压湖南境内各地的农民暴动。他采取乱世重典的方针，杀人如草芥，被当时的人们称为"曾剃头"。他在督办团练、镇压起义的同时，开始实行他早在1851年就萌生的计划，即训练一支有别于清廷绿营军队和地方团练的新式武装，这就是湘军。

鉴于当时官军的腐败无能，他订出训练士卒的严密方法：首先是以募兵制代替世兵制。对招募士兵，他主张要在山区和偏僻地区招募，认为"技艺娴熟，年轻力壮，朴实而有农夫气者为上，其油头滑舌，有市井气者，有衙门气者概不收用"。对招募军官，则主要招聘绅士、文士充任，并有具体标准：一要才堪治民，二要不怕死，三要不计名利，四要耐受辛苦。

其次他将"兵为国有"变为"兵为将有"，仿效明代戚家军的办法，以营为单位，下设四哨，每哨又辖四队，层层管辖，这样的军队编制，平时便于训练，战时便于布防；在治军方面，他又制定了一整套严格的"营制""营规"，并把封建的纲常名教编写成通俗的民歌，对士兵进行教育，控制军队的灵魂，湘军的组织和训练，为后来一切军阀所效仿。

1854年2月，湘军训练成后，曾国藩亲率湘军征讨太平军。在出发的时候，他发布《讨粤匪檄》的公告说："太平天国运动的行为，举中国数千年礼义人伦，诗书典则，一旦扫地荡尽，此岂独我大清之变，乃开辟以来名教之奇变，我孔子、孟子之所痛哭于九泉，凡读书识字者又焉能袖手坐视，不思一为之所乎？"

从这里可以看出曾国藩作为封建社会卫道士的嘴脸。太平军对付这个凶恶的敌人，不敢掉以轻心，向湘军发动全面进攻，将驻有湘军主力的长沙围困，曾国藩冲出包围。1854年4月28日，曾国藩率部进入白沙州，即命水师进攻靖港，结果遭到惨败，曾国藩又急命陆军全线出击，不想陆军见水师失利，军心大乱，溃不成军，曾国藩羞愤、沮丧得无地自容，几次当着属下的面投水自杀，被左右护卫拉住。回到省城长沙后，在一片嘲讽和攻击声中，曾国藩又气又愤，声言将在某晚自杀以谢湘人，并写下了遗嘱，甚至让他的弟弟曾国荃去购置棺材。后来由于太平军将进攻目标转向了武昌，才给曾国藩以喘息的机会，重整军队，取得了在湖南的优势。

曾国藩力量的逐渐壮大，不仅引起了清朝统治者的戒心，就连地方督抚也产生了妒忌，一些人处处给他出难题，自恃有功而未得实权的曾国藩对清廷也逐渐不满起来。1857年3月，曾国藩借反表之名，奏请终身守制，意在以退为进，不想咸丰帝一笔朱文，准其请求。后来迫于太平军的势力，清廷终于给了曾国藩实权，召其出山。

1860年，曾国藩就任两江总督，并任钦差大臣，督办江南军务，重新开始镇压太平军。12月，太平军李秀成进逼祁门湘军老营，在此坐镇的曾国藩知自己兵力单薄，难堪一击，又写好遗书准备自尽，而李秀成却绕路他行，使曾国藩又一次生还。1861年9月，湘军攻陷安庆，军事上出现转折。11月，慈禧任命曾国藩统辖苏、皖、赣、浙四省军务，可以说，此时的曾国藩已经取得了反太平天国战争的军政全权，同时，也使湘系势力不仅驻占长江中下游，而且延伸到西南内地。从此，曾国藩的湘系集团，一跃成为地主阶级当权势力中最大的实力派。

1862年，曾国藩兵分十路，向太平天国发动大规模进攻。曾国藩所指挥的各路湘军，在疯狂镇压太平军的同时，对所占领之地，大肆屠杀、奸淫、掳掠，苏、浙两省成为凄惨的人间地狱。据统计，苏、浙两省死于屠刀之下者达二百八十七万多人。苏杭天下足的富甲之地，在湘军的铁蹄践踏下，已是白骨遍地，荒无人烟。1864年7月，湘军攻破天京后，更是惨绝人寰，洗劫一空。曾国藩本人称"三月之间，毙贼共十万余人，秦淮长河，尸首如林"。而天京失陷时，太平军全部人数不过一万多人，其中还有相当一部分冲出重围，可见，惨遭杀戮的多是手无寸铁的无辜百姓。

曾国藩之弟曾国荃为了私吞财富，掩耳盗铃，下令放火灭迹，天京大火烧了七天七夜，繁华的都城一下子变成了一片废墟，但曾国藩在报告中诬称，大火为太平军所为，把宫殿府宅都烧掉了，"三日火光不熄"，天京城内未发现太平军财库。为了防止事情泄露，曾国藩不让被捕的太平军忠王李秀成押送到京，就地便杀害了。

攻陷天京后，曾国藩被封一等侯爵，赏太子太保衔，他的权力、地位和功名达到了顶峰。

曾国藩深知"狡兔死，走狗烹；高鸟尽，良弓藏"的历史遗训，知道自己此时权柄过重，朝廷上下很多人对他都不放心。为了减少清廷的疑忌，以免招致杀身灭门之祸，于是，在湘军军心涣散的时候，主动向清廷提出，将湘军逐步遣散，并命其弟曾国荃称病辞职回湘，以缓和矛盾，向世人展示自己清廉，没有野心。

这时，太平军的余部与在淮河两岸活动的另一支反清武装捻军会合在一起，重新进行了声势浩大的武装斗争。1864年11月，清廷命曾国藩率部前往安徽、湖北交界地区剿杀捻军，曾国藩百般托词，终未去。后来捻军在山东全歼僧格林沁部队，引起清王朝统治集团的极大恐慌。僧格林沁是清朝有名的将军，他的部队大部分是蒙古骑兵，战斗力极强。清廷意识到，捻军已成为太平天国之后新的大敌，于是又于1865年5月命令曾国藩赴山东作战，将两江总督职交由李鸿章暂行署理。此时，湘军已大部分被裁撤掉，曾国藩只能依靠李鸿章的淮军去作战，而淮军又不受曾国藩的领导，即使交由曾国藩指挥的部分淮军，亦暗中受李鸿章掣肘。曾国藩屡屡失败，在责难声中，请求离任，清廷又任曾国藩为两江总督。

回任后，1868年5月，曾国藩由南京出发检查粮饷、武器的准备情况，开始注重军事工业，成为中国近代洋务运动的早期人物。早在1861年9月，曾国藩还促成了江南制造总局的成立，这是清末最大的一项军事工业。曾国藩等人还设立学校学习外国语言，学习机械制造技术，翻译了大量外国工程技术书籍。曾国藩在办洋务中认识到人才的重要，与李鸿章联名上奏，请求清廷派选学生出国留学深造。这些举措，都是值得肯定的。

1870年，曾国藩调任直隶总督。不久，发生了震惊全国的天津教案。天津法国天主教育婴堂收养的婴儿，因流行病传染而死亡三四十名，尸体溃烂，惨不忍睹，引起群众公愤。此时，天津一带又哄传幼童被迷拐事件，也与天主教堂有关。于是，天津民众于6月20日聚集在育婴堂前，要求入内检查。正当民众代表在征得该育婴堂负责修女同意后，准备入内检查时，法国驻天津领事丰大业得报，亲自赶到育婴堂，不问情由，就把民众代表轰出堂外。

次日，丰大业持枪前往会见北洋通商大臣崇厚，勒令派兵镇压，谈判未果，即行开枪恫吓。出衙门后，丰大业在路上公然向天津知县刘杰开枪，击伤刘杰的随从高升，这激起了民众极大的义愤，当场将丰大业打死，随后愤怒的群众放火烧育婴堂，捣毁法、美、英等国教堂及领事署，并打死外国教士、商人及官员多名。

事后，法国立即向清政府施加政治压力和军事威胁，并联合美、英、俄、德、比、西诸国，一起向清廷提出抗议，各国军舰集结于天津海口示威，强令清政府镇压爱国群众，惩办地方官员，并扬言："十数日内再无切实办法，定将天津化为焦土。"

于是，清政府一面派崇厚为钦差大臣赴法国"谢罪"，另一面又命令曾国藩火速去天津查办。曾国藩生怕得罪洋人，一味避战求和，定下的查办方针是"但和局之速成，不顾情罪之当否"，即只求尽快达成妥协，保住"和局"，顾不了什么是非曲直。结果，天津知府和知县被革职、充军，并逮捕了很多天津爱国群众，其中，20人被判死刑，25人被流放，同时，还向侵略者赔偿497000两白银。

曾国藩的软弱投降政策，激起了全国的一致声讨，就连他的湖南同乡，也把他在湖南会馆的功名匾额摘下来打碎，烧成灰烬。同年9月，在国人的一片"卖国贼"的唾骂声中，曾国藩又调任两江总督。1872年3月，曾国藩在南京死去，时年61岁，曾国藩死后，被清廷赠"太傅"，谥"文正"，所著重要文章集为《曾文正公全集》。此外，有《手书日记》《曾国藩家书家训》《曾文正公集外集》等。

曾国藩信奉经世之学，他曾说：君子之立志也，有民胞物与之量，有内圣外王之业，而后不忝于父母之生，不愧为天地之完人。及至后来，他位处显要，仍抱定"拼命报国，侧身修行"的宗旨。他在见慈禧太后时，发现了慈禧贪权而实无多大本事的真相后，十分难过，在给政治盟友胡林翼的信中说："默观天下大局，万难挽回，待与公之力所能勉者，引用一班正人，培养几个好官，以为种子。"

曾国藩律己甚严，每日躬身自省过失缺点，以求日有所进，这种严格的自省精神，也流露在他给父母、兄弟、子女的书信里。他在训诫晚辈时，总是教导他们节俭、勤奋、廉洁。他致力于复兴理学，非常相信主观意志的作用，有时他把自己一生成功的原因归结为"坚忍"两个字。

曾国藩在民间，就兼有"第一名臣"的桂冠和"曾剃头""曾屠户""曾国贼"的称号。章太炎曾经说，对曾国藩，"誉之则为圣相，谳之则为元凶""命以英雄诚不虚"，斥为"民贼"亦虽孝子慈孙百世不能改也，这可作为我们今天认识这个历史人物的一个参照。

## 二、洋务大师李鸿章

李鸿章（1823—1901），本名章铜，字少荃，安徽合肥人，道光进士，翰林院庶吉士，散馆授编修。1853年，李鸿章回籍办团练，以对抗捻军和太平军。1858年到江西入曾国藩幕，成为曾国藩的门生，襄办营务。1861年奉命编练淮军，很受曾国藩赏识。在镇压太平天国的过程中，因表现突出，被清政府任命为江苏巡抚。出任巡抚的时候，他把从安徽招募的淮军也带到了上海，买了一批洋枪洋炮，又雇用了一批英、美、法的军官和士兵当教官，让他们教淮军练习洋操和使用外国武器，打算把淮军训练成一支新式军队。

但是淮军人数很多，枪炮弹药全靠从外国购买，没有那么多钱，李鸿章想，如果能把制造枪炮弹药的机器买过来，雇用外国工匠，用本国的原料，自己制造军火，不就省钱了吗？这时，有一个名叫马格里的英国军医找到李鸿章说："我学过制造军火，还会训练军队，听说你想自办军火，我愿意效劳。"

李鸿章像

李鸿章正求之不得，连忙说："那太好了，从今以后，你在我这里当军官，负责教练枪队，我再给你一笔钱，筹办开设一个兵工厂。"

不久，一个专门制造弹药的工厂在松江的一座庙里开办起来了。李鸿章还设立了上海制炮局，从香港买回制炮机器，又招募了一些英、法两国的工匠，开始制造"开花炮弹"和一种叫"自来火"的引火器，淮军将领韩殿甲还带领一批中国工匠进局学习各种技术。后来，淮军打败太平军，占领苏州，李鸿章又把马格里办的兵工厂迁到苏州，进一步扩大规模，成了苏州制炮局。马格里通过关系，购买了一套外国舰队解散后遗留下来的制造和修理各种武器的机器设备。这样，子弹、榴弹、信管、雷管、迫击炮和步枪都陆续制造了出来。

1865年，李鸿章被提升为两江总督，移驻南京，他又把苏州制炮局迁到南京雨花台附近，改名为"金陵制造局"，又叫"江宁机器局"，继续制造武器。同时，他又用4万两白银买下了上海虹口的一座美国人办的铁工厂，把几家制炮局、制造局与铁厂合并起来，成立江南机器制造总局。不久，曾国藩派人从美国买回一部分机器也拨给了江南机器制造局，使它成为一座规模巨大的兵工厂，既能制造各种枪炮弹药，又能模仿外国的式样和结构，造出轮船。

这时候，左宗棠也在福建设立福州船政局，丁宝桢在济南设山东机器局，都是生产洋枪洋炮等的兵工厂。清廷看到这种情况，害怕新式武器的制造和使用权都操纵在汉人手里，对满洲贵族的统治地位不利，于是，恭亲王奕䜣授意通商大臣崇厚等办天津机器局，请英国人密妥士当总管，打算制造火药，可成效不大。1870年，李鸿章继曾国藩任直隶总督兼北洋大臣，接办了天津机器局，进行了整顿扩充，才开始制造枪炮弹药和军用器具。

李鸿章为发展淮军势力，巩固北洋地盘，又筹建海军和设置海防，加紧建设大沽炮台。他嫌前任崇厚在时所设置的旧式土炮过于落后，就和马格里商量，把在苏州储存的大炮和金陵机器局制造的洋炮运到天津，配置在大沽炮台。1875年，大沽炮台的官兵们试放该局制造的两门68磅的大炮时，发生了爆炸，当场炸死7名士兵，把炮身都炸毁了。李鸿章听后暴跳如雷，他立即把马格里叫来天津。

马格里借故推托，拖延了两个月才到天津，李鸿章让他亲自试放，结果，又一次发生爆炸。李鸿章责问为何炮弹质量如此低劣，马格里却态度骄横，断然拒绝。原来，当初马格里帮李鸿章制造的大炮，是用于对付太平军的，所以个个有效。而这一次，大炮是安装在大沽炮台用于对付外国人的入侵，英国人马格里就从中捣鬼。洋务派办洋务，从管理人员到技术设备，都依靠外国，那些到中国工厂里做事的外国人有他们自己的打算，赚钱是一，控制中国军事发展是二。所以，一般地制造一些枪炮子弹，他们愿意干，可一旦关系到对外国人不利的事，他们就不干了。李鸿章为了挽回面子，一气之下把马格里撤了职。

清政府非常重视北洋海军，这也是李鸿章经营最久、花的血本最大的一项事业。因为这支海军的兴衰不仅直接关系着淮系集团的势力，同时也是洋务派同保守派抗衡的筹码。李鸿章不遗余力地创建水师，19世纪70年代，由李鸿章主持向英国购买的军舰有"龙骧""虎威""策电""镇东""镇西""镇南""镇北"等炮艇。19世纪80年代，德国的军火和造船工业有了突出的发展，李鸿章又转向德国订购战舰，他向德国订购了"定远""镇远"两艘铁甲船和"济远"号巡洋舰。1888年，北洋海军正式成立，并拥有二十多艘军舰，李鸿章在旅顺口、威海卫设了两个主要海军基地。

李鸿章在洋务运动中的表现远不止这些，他还主张筹办了一些民用企业，如轮船招商局、开平矿务局、电报总局等。他还创立学堂，派遣留学生出国考察学习。1871年，他和曾国藩奏请清廷，挑选聪明的儿童去美国学习，被清政府批准。经过选拔，第一批幼童30名，在上海乘轮船出洋。当这些幼童到达美国后，马上成为美国新闻中的轰动事件，美国总统还接见了他们。中国留学生给美国人留下了聪明能干、彬彬有礼的印象，并说他们是"中国的荣誉"。这些赴美的儿童中，就有后来成才的有詹天佑、刘冠雄等。

李鸿章在洋务运动中表现积极，其办洋务的规模最大，成为洋务派最有代表性的人物。

然而，李鸿章在外交上却像他的老师曾国藩一样，是一个十足的软弱派。而曾国藩又师承穆彰阿，于是在晚清的大臣中形成了一个软弱派的阵营，并且在朝中具有极大的势力，超过了以林则徐、左宗棠为代表的强硬派。而主政的太后和皇帝又摇摆在软硬之间，总体趋向是偏软弱，这就注定了晚清外交的悲剧性结局，李鸿章在国人心中形成了一个"大卖国贼"的形象。

李鸿章在外交上的软弱达到了匪夷所思的境地。1885年3月，清军与越南军民联合作战，在凉山、镇南关等地重创法军，这场战争最后以法国失败而告终。中法战争还使法国内阁倒台。但奇怪的是，最后的结果却是中国"不败而败"，法国"不胜而胜"。战争胜利后，清政府派李鸿章与法国谈判，不知什么原因，李鸿章却与法国签订了丧权辱国的《天津条约》。

条约规定：承认法国在越南的统治；法越条约"均听处理"；准许法国等国人自越边界进入中国；法商入境，商税按税额减；允许法国帮助修筑滇、桂境内铁路。也就是说，中国要在这里修铁路，也必须同法国人商办等。法国战败，竟享受了战胜国的利益；中国战胜，却甘受战败国的损失。

就在李鸿章苦心经营他的北洋水师时，中日甲午战争爆发了，事情原因是这样的：

1894年4月，朝鲜爆发东学道农民起义，朝鲜政府请求清政府派兵帮助镇压。就在清政府迟疑不决时，日本劝诱清朝出兵"代韩戡乱"，表示日本政府"必无他意"，清政府听信日本"保证"，于1894年6月5日，派太原总兵夏士威、直隶提督叶志超率领2000名精兵赴朝鲜援助。6日，按1885年中日《天津会议专条》规定，清政府知照日本，日本以保护使馆和侨民为由，派重兵占据了仁川至汉城一带的战略要地，不久起义平息。清政府建议中日同时撤军，日方拒绝，并继续增兵。7月23日，日本借口"改革朝鲜内政"，闯入朝鲜王宫，俘虏国王，扶植傀儡政权。清政府被迫派兵增援。北洋海军提督丁汝昌派"济远""广乙"等战舰护送兵船到牙山，支援叶志超、夏士威部队。7月25日拂晓，"济远""广乙"完成了护运船任务，从牙山起锚返航，当两舰驶至半岛海面时，与日本海军吉野、浪速、秋津洲三舰相遇，日舰不宣而战，向"济远""广乙"两舰突然开炮，妄图乘其不备，将"济远""广乙"击沉，从而燃起了战火。因为这年是甲午年，史称这次中日战争为"甲午战争"。

清军"济远""广乙"两舰丝毫没有防备，被打个措手不及，仓皇应战，损失惨重。

清政府对日军的挑衅已经忍无可忍，在全国舆论的压力下，8月8日正式向日本宣战，同一天，日本也向清政府宣战。

9月17日，北洋舰队主力与日本联合舰队在鸭绿江口外的黄海相遇，双方展开了激战。在这次海战中，北洋舰队投入战斗的有10艘战舰，日本联合舰队是12艘，北洋战舰吨位小，而日本舰队是以"吉野"为首的铁甲快速战舰。

海战开始时，在丁汝昌的指挥下，10艘战船以"人"字队形向日军联合舰队发起攻击，刘步蟾指挥"定远"舰首当其冲，冲杀在前，将日本联合舰队拦腰截断，使日军联合舰队首尾不能相应，一下子就打乱了日舰的阵形。在清军的猛烈炮火攻击下，重创日军"比睿""赤诚""西京丸"等舰，并击毙赤诚舰长日本海军少佐坂三八太郎。

日本联合舰队不久从惊慌中镇定下来，依仗舰坚舰多火力强，转而对北洋舰队南北夹击，使北洋舰队陷于腹背受敌的不利地位。北洋舰队的旗舰"定远"舰被日本"吉野""高千穗""秋津州""浪速"四艘包围，情势十分危急。"致远"舰管带邓世昌见此情景，激励"致远"全舰官兵说："我们从军卫国，早已把个人生死置之度外，目前敌强我弱，我们只有拼死作战，决不能贪生怕死，有辱我军声威。"

这时，"致远"舰也已经受伤，舰上烟火弥漫，他把令旗一挥，下令开足马力冲向前去，把旗舰掩在舰后，向日舰连发数弹，逼使日舰稍稍后退，使旗舰"定远"得以脱围。北洋舰队其他战舰见此情景，很受鼓舞，士气大振，只见黄海海面炮声震天，烟火弥漫，双方打得异常激烈，敌舰"松岛"号中弹起火，死伤百余人，"西京丸"号几乎被击沉。

战斗进行到下午三点钟左右，"致远"舰在激战中由于首当其冲，目标最大，所以遭受的打击也最为惨重，这时舰身已开始倾斜，眼看就要沉没大海，弹药也快打光了，邓世昌仍然镇定从容，拼死作战。日军铁甲舰"吉野"肆无忌惮地冲杀过来，连续用重型大炮向"致远"发炮，妄图一举把"致远"击沉，邓世昌见状，气愤已极，命令舵手开足马力，对准"吉野"冲过去，他对帮带大副都司陈金揆说："倭舰依仗吉野舰大甲坚火力强，才这样凶狂，如果撞沉它，我军就能集中起力量来了！"

于是，邓世昌亲自掌舵怒驶，且沿途鸣炮，不绝于耳，直冲日舰而来。日舰"吉野"指挥见状大惊失色，一面命令施放鱼雷，一面准备掉转船头逃跑，正当"致远"舰快要接近"吉野"的时候，不幸被鱼雷击中，机器锅炉迸裂，船遂左倾，顷刻沉没，邓世昌与大副陈金揆、二副周居阶等全舰将士壮烈牺牲。

下午三点多，北洋舰队右翼阵脚的"超勇""扬威"二舰中弹起火沉没，"经远"舰失去了保护。此时日舰主攻的清军左翼"济远"舰和"广甲舰"仓皇逃窜，日舰掉头迅速将"经远"舰团团包围，把它逼出阵外，"经远"在号称"帝国精锐"的日本先锋队"吉野"等4舰的围攻下，中弹多处，管带林永升指挥全舰不断发炮攻击。正当激战正酣之际，林永升猛然发现一敌舰中弹受伤，于是下令对准这只受伤的敌舰开足马力追击，想一鼓作气将其击沉，日舰依仗铁甲坚固，集中火力以排炮猛攻"经远"舰，突然一颗炮弹在林永升的面前炸开，林永升不幸中弹身亡，大副陈荣和二副陈京莹随后也相继被炮弹击中身亡。"经远"舰最后在烈焰中沉没，全舰将士无一生还。

下午五时多，"靖远"舰在叶祖圭的指挥下，修复好漏洞。他见旗舰"定远"桅楼被毁，全队失去指挥便主动代替旗舰，从旁升起队旗，率领剩余船舰向日舰猛打猛冲。在"靖远"舰的带领下，北洋舰队声势大振，一齐向日本联合舰队攻击，日舰这时也损失惨重，见势不妙，掉转船头向西南方向逃遁。

黄海海战，日舰先撤离战场，北洋舰队不久也返航旅顺，双方各有损失，中国舰队"致远""经远""超勇"被击沉，"扬威""广甲"自毁，另有6艘受创，死伤将士千余人，但主力尚存。日舰"旗帜""松岛"及"赤诚""吉野""比睿""西京丸"6舰受重创，死伤舰长以下官兵六百多人。

看到这种情况，软弱的李鸿章借口"保船制敌"，命丁汝昌率舰队躲进威海港，结果坐以待毙。

不久，日本开始向旅顺口进攻。在甲午海战中，日本的海军实际上也遭受了重创，已无力从旅顺口正面方向进攻，同时旅顺口沿岸布满了清军从德国购进的新式大炮，狡猾的日军于是采取了用舰船运送陆军到花园口从背后抄袭的策略。而此时，北洋水师舰队因李鸿章的命令，不再参加任何战事，陆上也没有陆军防御，由此，日军不伤一兵一卒，很轻松地就登上了花园口，并直扑金州。在金州、旅顺、大连还驻有很多清军，但这些清军，一看到日军到来，马上就逃跑了。两个月以后，日军用同样的方法向威海卫发起了进攻，用军舰运送两万多日军从威海卫东的成山角登陆，没怎么遇到抵抗，就占领了威海两岸的所有炮台，并且封锁了港口东西出口，北洋舰队此时完全成了瓮中之鳖。

这时威海港外的刘公岛还在清军手中，如果在陆军配合下，港内的水师完全可以突围出去，但水师中很多洋人顾问都主张投降。担任水师副提督的英国人马格鲁和军事顾问美国人浩威尔还勾结少数水师将领，鼓噪士兵哗变，以迫使丁汝昌投降。丁汝昌不愿背个不忠的罪名，结果在绝望中被迫自杀了。丁汝昌死后，在洋人的指使下，很快由浩威尔起草了一份投降书，送到日营。1895年2月，日军正式接管了北洋海军11艘兵舰、刘公岛的全部炮台以及威海卫的全部军械，物资均完好无损地成了日军的战利品。

日军占领了威海后，又马上渡过鸭绿江分几路向辽阳进军，日军在进占辽阳时，除清军将领夏士成、依克唐阿率部下和自发的群众抗日武装在凤城坚决抵抗外，其余清军皆望风而逃，结果日军没费什么力气就攻占了海城等地，并直逼辽阳、沈阳两城。辽西也受到极大的威胁。

慈禧太后看到辽东半岛及辽西的大片土地这么快就被日军占了去，生怕日军打进山海关，直逼北京，赶紧重新启用已经被罢免了十年的恭亲王奕䜣，主持总理衙门大事，用他和洋人的关系，请英、俄公使出面调停，向日本求和。此时的英、俄都有自己的打算，并不想急于让日本停战，当美国出面稍一反对，英国立即罢手不再管这件事。其实美国反对英国出面调停，也是出于他自身利益的考虑，其目的是想让别国都不再插手这件事，由他一家独自出面调解日本停战问题，以便从中获取更大利益。

恭亲王奕䜣也看出只有美国和日本关系较好，就呼吁美国出面调停。于是，美国公使开始在中日之间进行联络活动，日本此时刚占领了旅顺口、威海卫，也无力再向中国其他地方扩张，有人从中调解，巴不得顺坡下驴，答应求和的要求。但日本首相伊藤博文表示，必须由恭亲王奕䜣或李鸿章充任全权代表，并以割地赔款为"议和"条件才能开议，否则不必派代表去日本谈判。

于是，慈禧太后又马上开复李鸿章的一切处分，任命他为"头等全权大臣"，前往日本议和。1895年3月14日，李鸿章带着儿子李经方、美国顾问科士达等，由天津乘船去日本。20日，李鸿章同日本首相伊藤博文等在马关的春帆楼开始谈判，伊藤博文一开始就摆出战胜者的骄傲姿态，肆意勒索，并派军攻占澎湖列岛。李鸿章要求停止军事行动和减轻勒索，被伊藤博文拒绝。24日，李鸿章在谈判后回寓所途中，被日本暴徒刺伤。事件发生后，日本政府担心列强借口干涉，宣布除台湾、澎湖列岛地区外，其他战地立即停战。4月1日，中日双方代表重开谈判，日本提出割让奉天南部、台湾、澎湖列岛，赔偿日本军费白银3亿两等苛刻的条件，清政府批示李鸿章与伊藤博文等"竭力申说"，尽量争取减少割地赔款。4月10日，日本提出最后修正案，伊藤博文只准李鸿章说"允，不允"两句，并以战争再起和进攻北京相威胁。4月17日，李鸿章终于和日本代表签订了丧权辱国的《马关条约》。

《马关条约》的主要内容是：（1）中国承认日本对朝鲜的控制。（2）割让辽东半岛、台湾全岛及附属各岛屿和澎湖列岛给日本。（3）赔偿军费二亿两白银。（4）增开沙市、重庆、苏州、杭州四个通商口岸，日本可沿内河驶入以上各口岸。（5）允许日本臣民在中国通商口岸设立工厂，产品运销内地只按进口货纳税，并准在内地设栈寄存。条约中还规定，为保证中国履行条款，日军暂时占领威海卫。

《马关条约》是日本在西方列强的支持下强加于中国的不平等条约，也是《南京条约》以来最严重的丧权辱国条约。《马关条约》签订的消息传出后，全国哗然，拒绝和约、迁都再战的呼声震动了整个京城，并在全国掀起了反割地、反投降的斗争。清政府及地方官吏也因《马关条约》丧权过重而不满，他们有的请求杀李鸿章以谢天下。

由于《马关条约》在国民中的极坏影响，同年，李鸿章卸下直隶总督的职务，进入内阁办事，但被规定"不得与闻朝政"。次年奉命出使俄国，订立《中俄密约》，不久任总理各国事务衙门大臣。

义和团运动和八国联军战争爆发后，李鸿章到江南去参与"东南互保"，不久调充议和全权大臣，兼署直隶。在慈禧太后"量中华之物力，结与国之欢心"的上谕批示下，李鸿章经过一番沟通与斡旋后，于1901年9月9日与列强签订了赔款数额令人触目惊心的《辛丑条约》。

参与《辛丑条约》的列强就是八个出兵的国家，他们分别是德、法、日、俄、美、英、意、奥。条约主要内容就是赔款，赔款数额之巨，创清朝有史以来最高，计白银四亿五千万两，相当于清政府20年的财政总收入。这些赔款虽然要40年还清，但是要计利息的，所以本息加起来共九亿八千二百多万两，再加上各省地方性的赔款，总数额超过十亿两。这些外国列强怕清政府还不上，就让以海关关税和盐税担保。此外，列强还要清政府严厉治办义和团首领及义和团运动中与洋人作对的各级官员。在北京东交民巷划出一片使馆区，并允许列强从国外派军队保护自己的使馆；拆除大沽口到北京铁路的全部炮台，并且在天津20里以内不许驻扎中国军队，外国则有权在各处驻军。在《辛丑条约》中列强没有提出割地的要求，但这些条款已经使中国丧失了大部分主权，这时的中国已经完全沦陷为半殖民地社会。

《辛丑条约》签订后两个月，李鸿章，这个和一系列卖国行径联系在一起的晚清重臣，终于病死，谥号文忠，著作辑为《李文忠公全书》。

李鸿章想以洋务运动来兴国图强，崇洋媚外，物极必反，结果事与愿违。甲午一战，便将几十年苦心经营的北洋海军全军覆没，换来的仅仅是一系列卖国条约。这个历史的教训，是极其深刻的。

## 三、一代名将左宗棠

在多事之秋的晚清，出现了很多历史上有争议的人物。如果从镇压农民起义方面看，他们是屠杀农民的刽子手，但他们无疑又是有贡献于民族的功臣，左宗棠就是这样的一个人物。

左宗棠（1812—1885），湖南湘阴人，家境贫寒，勤奋好学，在青年时代就立下宏图大志，一生精忠报国。左宗棠在科举上并不如意，仅仅中过举人，但他才华横溢，从小就很注意研究兵法和中国及世界的历史、地理，他曾在自己的住处写下了一副对联：

身无半亩地，心忧天下；
读破万卷书，神交古人。

他在湖南一带名望很大，林则徐、曾国藩等当时名流都对他颇为赏识。有一次，已经身为封疆大吏的林则徐路过长沙时，特意约见左宗棠，两人畅谈彻夜。事后，林则徐对左右人说，左宗棠是一个旷世奇才，必为朝廷所重用，左宗棠在仕途上曾得到过林则徐、曾国藩等人的竭力推荐。

太平天国时期，他曾在湖南巡抚幕任师爷，虽不是朝廷官员，却一切军政大事都由他主持，被称为"晚清诸葛亮"。在左宗棠的主持下，湖南省城长沙才没有被太平军攻破。后来他终于得到清廷的重用，被任命为闽浙总督，镇压了浙江、福建境内的太平军。在任闽浙总督期间，左宗棠创办了福州船政局，也开始洋务兴国之举，该厂由炼钢厂、船厂和学堂三部分组成，但工厂尚未建成，左宗棠便调往西北镇压农民起义去了。

1855年，云南回民首领杜文秀在大理县起兵反清。1856年，陕西回民首领任五

左宗棠像

在渭南县起兵反清。同年，甘肃回民首领马仕龙在金积堡（今金积县）起兵反清。面对日益壮大的回民大起义，清政府派荆州将军多隆阿前去镇压，但多隆阿屡战屡败，后来在战役中殒命。于是，清政府又调左宗棠任陕甘总督，负责平定回民起义。1868年，陕西反清军首领董福祥投降，七年之久的陕西回变宣告结束。平定陕西后，左宗棠挥师西征，进入甘肃，攻击马仕龙部。甘肃从东到西2400里，战线颇长，马仕龙的力量也不算小。在左宗棠的指挥下，1870年，清军攻陷金积堡。1873年，攻陷伯碾（今乐都）、肃州（今甘肃西酒泉），从而平定了陕甘回民起义。

在这一时期，新疆也发生了大规模的回变。1864年，陕西回变首领之一妥明，流窜到新疆迪化（今乌鲁木齐），参将索焕章与妥明一个鼻孔出气，伺机造反。都统平瑞向迪化征收捐税时，奇台县税务官马金、马八乘机敲诈勒索，从而引起大多数汉人与回民的愤怒，导致抗缴请愿事件。马金、马八为掩护自己的罪行，干脆倒打一耙，说什么"汉人要灭回民"，号召回民起来反汉杀清，于是奇台发生了流血冲突，索焕章乘乱杀了平瑞，并拥戴妥明称"王"，宣布独立，开始了分裂民族的叛乱。

1865年，另一位从陕西流窜到新疆的回变首领之一金相印，在喀什噶尔（今新疆疏勒）发动当地回民举行暴动，并将清政府官员赶走。位于天山西麓、中亚细亚的浩罕王国，派遣其大将阿古柏前去支援金相印。为增加号召力，他还带领维吾尔族领袖大和卓木、布土尔客率其安集延兵团一道助金反清。他们联合大军进入中国领土，布土尔克在喀什噶尔称"王"。1867年，阿古柏搞了一场政变，登上宝座，一脚将布土尔客踢到麦加。阿古柏上台后，自称"毕调勒特可汗"，宣布建立"喀什噶尔汗国"。1870年，阿古柏北伐迪化，妥明被逼逃之夭夭，并于途中殒命。

于是，除伊犁为当时俄国占领外，阿古柏统一了新疆全境。阿古柏的汗国疆域约百万多平方千米，他为了巩固地位，立即同英、俄及土耳其回教国力强联系。面对这一局面，以慈禧为首的清廷因无力平叛，只好睁一只眼闭一只眼，谁也不敢碰这一棘手问题。

左宗棠平定陕甘回变之后，向朝廷上书，提出收复新疆。他在奏折中说："新疆自古以来就是我国的领土，坚决不能放弃。如果放弃新疆，则不仅甘肃、陕西暴露在敌人面前，而且内外蒙古和山西也不得安宁，连北京也将受到威胁。西北与北京的关系，如同手指与臂膀相连，是一个完整的整体，不能分割。"左宗棠还说："我今年虽然已经65岁了，但不能容忍俄国霸占伊犁，阿古柏占领新疆，如果朝廷同意我的意见，我愿意带兵出征，拼杀疆场，收复伊犁和整个新疆。"

这一敏感的爆炸性问题一经提出，就在紫禁城形成了两派交锋。以李鸿章为首的"海防派"称：中国外患来自海外洋人，国防重点应放在与列强的对峙上。至于新疆那里，不如册封阿古柏为国王，使其像朝鲜、越南一样成为藩国算了。一句话，海防派主张放弃新疆。以左宗棠为首的"塞防派"则针锋相对，主张必须收复新疆，左宗棠认为，保卫新疆即保卫蒙古，保卫蒙古即是保卫北京。

而这时，阿古柏暗中请求英国帮忙。英国公使乌亚德向清廷提出：允许阿古柏独立，以保中亚细亚的和平局面。清政府许多官员因害怕英国，都主张答应英国的要求。对此，左宗棠坚决反对说："既然英国如此爱护阿古柏，为什么不把印度让给他呢？"

由于左宗棠的分析言之有理，震动了整个朝廷，连原先主张放弃新疆的一些官员也对他的见识和魄力佩服得五体投地，有的说："左大人的话才是高论，叫人没法不佩服！"有的说："左宗棠真是老骥伏枥，志在千里呀！谁说中国没有人才。"军机大臣文祥完全支持左宗棠的主张，竭力保举左宗棠率兵西征，其他掌握朝中大权的人也认为丢失领土很不光彩，既然有人愿意率兵出征，且左宗棠又在平定陕甘回民起义中节节胜利，一直是个常胜将军，就不妨试试。于是，清廷任命左宗棠为钦差大臣，带兵去收复新疆。

1876年，左宗棠率兵分三路入新疆，他采取了"先北后南，缓进速战"的战略方针，很快收复了迪化及其附近的地区，然后攻陷吐鲁番，打开了南疆的门户。第二年，他率军越过天山天险，挥师南下。由于左宗棠的军队军纪严明，秋毫无犯，所以深得当地各族人民的支持，他们主动给清军带路，送情报，支援粮食，当地人民还纷纷拿起武器，与清军一道打击阿古柏的军队。阿古柏的据点被一个个拔除，最后左宗棠把阿古柏撵到库尔勒城，在大军压境、一触即溃之际，阿古柏王梦已醒，服毒自杀。清军迅速收复了喀什噶尔，并趁阿古柏子孙内讧之机加紧围剿余党，将其二子三孙俘获并处死，于是除伊犁外，脱离中国十四年之久的新疆，重新回到了祖国的怀抱。

接着，左宗棠又想起了仍在俄国手中的伊犁。他上书朝廷，请求以先礼后兵，外交加军事的策略，收回伊犁，清廷同意了这一主张。清政府先派崇厚与俄国交涉，崇厚丧权辱国，被判处死罪。接着又派曾国藩之子曾纪泽与俄国交涉，俄方百般要挟，左宗棠为向俄国表明志在收回伊犁的决心，命士兵抬着自己的棺材行军，他在哈密安营扎寨，做好武力解决的姿态。俄国人知道左宗棠不好惹，也不敢轻易诉诸武力，这有力地支持了曾纪泽的外交斗争。1881年，中俄两国签订了《伊犁条约》，中国终于收回伊犁。但因俄强清弱，清政府还是让俄国割走了霍尔斯河以西的大片领土和北疆的一部分地区。俄国还蛮横地勒索了九百万卢布的赔款，扩大了在我国西部地区的通商权利，当然，这已不是左宗棠力所能及的事了。

左宗棠收复新疆后，来到北京，被任命为大学士、军机大臣。由于左宗棠性情耿直，不喜欢官场上那一套虚假应酬，不久左宗棠又被外调出京做他的封疆大吏，担任两江总督。

1883年，法军进攻驻越清军，中法战争爆发。法国海军先后向台湾的基隆和福建的马尾军港（在福州市东）发起攻击，驻守基隆的清军官兵在著名将领刘铭传的率领下，奋起还击，打退了敌军。但在马尾战役中，由于守将何如璋和张佩纶在战前的头晚得到李鸿章的电报说，与法军的议和已有进展，便放松了备战，结果仓促应战，导致福建水师全军覆没。三天之后，即1884年8月25日，清廷正式对法宣战。

1884年9月，左宗棠奉命赴福建督师，指挥闽海战役。他到防地后，见备战松弛，非常着急，昼夜奔波，加紧备战。将士们一看左大人身先士卒，决心抗法，全军士气大振，连打了几个胜仗。

1885年春节来临，将士们都想消消停停过个好年。但左宗棠早已料敌在先，说："洋鬼子早了解了咱中国过年的风俗与他们的圣诞节不相上下，所以他们一定会钻这个空子，趁我们欢欢乐乐过年之际，攻我不备。今年都免过年吧，跟我出击，我亲自充当先锋。"

正在这时，福建总督杨昌濬与将军穆图善前来向左宗棠拜年，听说中堂大人要亲临前线，纷纷劝说他不要去。此时，左宗棠已73岁，然而他斗志却丝毫未减，训斥二人说："我不去打，洋鬼子如何害怕？怕，是因为打怕的。你们二位是高官，不肯出去打仗，我去打！"

杨、穆二人见左宗棠执意上前线，也不敢再劝阻，只好吐吐舌头打道回府。左宗棠一处一处检查布防，做好了迎战准备。法国果然在过年这天来突袭厦门，出动了大批舰队，但舰队驶到中途便调头返航，因为法军侦察快艇已探知厦门的清军早有准备，还了解到左宗棠也在前线督战。左宗棠的威名，法国人早已耳闻，知道这是个不怕死、不好惹的硬茬子，所以法军便退避三舍了。

1885年3月，清军与越南军民联合作战，在谅山、镇南关等地大胜法军，中法之战以法国失败而告终。然后，1885年6月，李鸿章在与法国的谈判中，却签订了一个丧权辱国的《天津条约》。在福州戍边的左宗棠得到和约文本，气得手直颤抖，竟无法读下去，大骂道："李鸿章啊！李鸿章！你这个卖国贼！"

骂着骂着，他突然面如白纸，手脚发软，猛然从嘴里喷出一口鲜血，昏倒在地。1885年7月，左宗棠满怀遗恨逝世。

## 四、近代教育的奠基者张之洞

张之洞（1837—1909），字孝达，号香涛，直隶南皮（今河北人）人。张之洞的家庭"三世为州县官"，从小就受到严格的家庭教育。少时博览群书，过目不忘，16岁时，以乡试第一名中举人，26岁中进士，任翰林院编修。早年，张之洞以攻评时政而成为"清流派"的重要人物。30岁时被派任浙江乡试副考官，接着督办湖北学政，开始主管一省的教育，继而任四川学政和国子监司业。34岁起，担任山西巡抚，继升为两广总督，两江总督，成为最高地方长官。光绪十五年（1889年）调任湖广总督，担任此职一直到光绪三十三年（1907年），其间除1895年1896年和1902年1903年两次临时代理两江总督以及入京定学制外，他在湖北任职长达37年，是清代总督中在一个地方任期最长的封疆大吏。

在地方的任职期间，张之洞除了兴办洋务、设枪炮厂、开矿务局、置军舰和训练军兵外，尤其重视教育事业建设，他创办了一批著名的书院和洋务学堂，并大力提倡留学教育，晚年跻身于军机枢要，光绪二十九年（1903年）主持制定了我国第一个近代学制即癸卯学制。光绪三十一年（1905年）积极参与废除科举制度的教育改革，供职中枢，主管学部。在四十余年的仕官生涯中，张之洞勤理学政，关心教育，不仅有丰富的办学实践经验，而且有系统的教育思想理论，在我国近代教育史上占有十分重要的地位。

张之洞是新洋务派的首领，与早期洋务派曾国藩、李鸿章相比，虽然他的教育活动后起，但是他更加重视人才的培养和学校教育的重要性，对教育目的与作用有更深刻的认识，同时对待中西文化与教育的看法也有更理论化、系统化的论述，它的核心是"中体西用"的教育救国论。

张之洞的教育活动大致可以以"中法战争"和"戊戌变法"为界限分为三个阶段。

第一阶段，即他由十载学官到出任巡抚时期。这一时期，张之洞属于顽固派营垒的旧学捍卫者，其办学的目的在于"通经为世用，明道守儒珍",使学校培养"出为名臣,处为名儒"的人才。他创办了湖北经心书院、四川尊经书院和山西令德书院等,教学内容主要是传授纲常名教的"通经学古之学"。

张之洞作为学官,主持过浙江乡试,所取多朴学之士。做湖北学政时,鉴于士风败坏,他强调"以根抵之学砥砺诸生",并以"端品行,务实学,两义反复训勉"。在四川任学政时,大力整顿科举积弊,并亲自讲学于尊经书院,著《輶轩语》《书目答问》二书。前者将科举考试注意事项逐条列出,对考生加以指导,实为科举考试指南;后者列举经、史、子、集要目,实为旧学入门。在这一时期,张之洞所起用和培养的代表人物有袁昶、许景澄、陶横、孙诒让、张祥龄、范容、宋育仁、杨锐等。

第二阶段,即中法战争后到戊戌变法前,督粤、湖广和暂署两江期间。这一时期张之洞从清流派转化成洋务派,为了适应清末洋务活动的需要,调整了早期洋务派旧学与新学、中学与西学的关系,修正了他早期的办学宗旨,着重培养用传统纲常名教武装头脑而又能从事洋务的各种专门人才。在教学内容上除了坚持传统的旧学为基础外,提倡增添传授西文、西艺的新学。同时,他逐渐将过去所兴办的旧式书院改革为新式学堂。他说,书院"必须正其名曰学,乃可鼓舞人心,涤除习气。如谓学堂之名不古,似可即名曰学校,即合古制,且以名实相符"。这一时期,张之洞对教育改革是有保留的,其主旨仍在"变器不变道",即主张学习西方某些近代艺能,但必须保存中国的封建政治、伦理传统。

在张之洞的影响下,湖北经心书院初期学习课目为经解、史论、词赋之类。光绪十六年(1890年)五月,张之洞在湖北武昌建西湖书院,课目分经学、史学、理学、文学、算学、经济学六门,又以新学方兴,还开设天文、地理、数学、测量、化学、博物学、兵法、史略学以及兵操等学科。光绪二十一年（1895年）又添设外文、天文、格致、制造四门西学内容。在管理方面，改旧世积分法为"日课"，即仿效学堂按日上堂教习，类似现代教育的班级授课制。

光绪二十一年（1895年）初，张之洞暂署两江。由于身处文化发达地区，与外部世界联系扩大，加上中日战争的刺激，他兴办了一系列新式学堂，如在南京创办储才学堂，恢复水师学堂，兴办陆军学堂，在江西高安办蚕桑学堂。此外，他还大力提倡出国留学教育。光绪二十二年（1896年）初，张之洞从两江返回湖广本任，开始大规模地兴办学堂和派遣出国留学生以及创办文化设施，这时期，他雄心勃勃，决心在教育上大干一番事业，他致力于军事教育、实业教育、留学教育、师范教育、普通教育等。

军事教育方面：他早先在广东时创办了水陆师学堂，这是当时一所规模较大的洋务学堂，以培养海陆军事官员为主要目标，水师聘英国人做教官，陆师由德国人做教官。光绪二十一年（1895年），他又在南京创办了江南陆军学堂；光绪二十二年（1896年），他创办湖北武备学堂。

实业教育方面：他提出要"振兴农工商各项实业，为富裕国民之利"。他在湖北创办的实业学堂，有矿业学堂、工业学堂、湖北自强学堂、湖北方言学堂、湖北方言商务学堂、湖北算术学堂、湖北农务学堂、湖北工艺学堂、湖北驻东铁路学堂等。这些实业学堂都是零星创办的，并无系统规划，办学宗旨，专在实用，招收和培养了一大批我国近现代各方面的技术人才。

普通学堂方面：他在湖北创办的有初等小学堂、湖北五路小学堂、湖北普通中学堂、湖北高等学堂、湖北存古学堂等。张之洞主张，小学由民间自办自主。中学教育培养方向有二，一是"不仕者从事于各项实业"，二是"进取者升入各高等专门学堂"。课目为十二门：伦理、温经、中文、外语、历史、地理、数学、博物、理化、法制、图画和体操。教学方法仍以讲诵为主，同时兼用西方教育实验、观察等方法，大学堂的宗旨规定为造就通才。他选择两湖、经心、江汉三书院的优等生入湖北附高等学堂学习经学（道德学、文学）、中外史学（国朝掌故学）、中外地理（测绘学附）、算学（天文学附）、理化学、法律学、财政学和兵事学。后两门均为西学，延聘东西各国教习讲授。学生四年结业后再派往东西各国游历一年，以后高等学堂的学生来源主要由普通中学堂的毕业生升入，三年学制年限，毕业后出国游历一年。这样，张之洞就把普通教育初步系统化和制度化了。

留学教育：张之洞认为学习外文是学习外国的必要准备，他说："知中不知外，谓之聋瞽。""自强之道，贵乎国知情伪，取人所长。若非精晓洋文，即不能自读西书，必无从会通博采。"自强学堂就是一所外语专科学校，设有英、法、俄、德、日语等科目。在办外语学堂的同时，他还极力提倡编译西方书籍，后来他在两江和湖广地区合设江楚编译局。张之洞还认为，在国内读洋书不如出国留学，留学一年胜于国内读洋文五年，所以他大力提倡留学教育。他曾派遣2人到比利时学炼钢铁，派学生分赴英、德、法、日本留学军事和制造技术。

师范教育：在兴办各类教育的过程中，张之洞认识到师范教育尤为关键。他说："查各国中小学教员取材于师范学堂，故认为师范学堂为教师造端之地，关系至重。"他先后在湖北创办了一批师范学堂，如湖北师范学堂，除普通学科外另设教育学、卫生学、教授法、学校管理法等科目。又如两湖总师范学堂，规模大、学生多，内设附属小学，当时李四光、闻一多就是该师范学校的学生。此外，他还创办了湖北师范传习所，支郡（即各府）师范学堂，建立了全省师范教育网。

此外，张之洞对妇女教育和儿童教育也予以一定的重视，他先后在湖北兴办了一些妇幼学堂。如湖北敬节学堂，是当时的幼儿师范学校；湖北育婴学堂相当于今日的保育员学校；湖北女学堂，为湖北近代女学之始。在湖北期间，张之洞还创办了图书馆、《湖北商务报》《汉报》《楚报》《湖北日报》《湖北官报》等，为湖北文教事业做出了卓越的贡献。

第三个阶段，即戊戌变法之后的时期。在这一时期，张之洞的教育思想日臻成熟，一方面他发表了代表作《劝学篇》，另一方面他积极参与和主持制定癸卯学制。

《劝学篇》集洋务教育思想之大成，对中国近代史上中体西用的政治、文化、教育思想做了理论上的总结。《劝学篇》共四万余字，分二十四篇。内篇九，讲中学；外篇十五，讲西学。"中学为体，西学为用"是《劝学篇》的一贯精神，主张在维护封建纲常名教的原则下，谨慎地接受西方资本主义社会的技艺，以此技艺来救清王朝封建制度和学术文化之"阙"，以达到维护封建制度的目的。张之洞晚期形成的教育思想越来越暴露出洋务教育的反动性一面，他害怕资产阶级利用西学特别是西方政治、哲学、思想等作为反对封建专制统治的革命武器，所以他禁止私学教习政治法律与兵操，查禁反对封建名教的资产阶级革命家所办报刊杂志，乃至残酷杀害革命党人等。

但张之洞晚期也顺应时代潮流，积极参与废除科举制度和拟定癸卯学制。癸卯学制亦称《奏定学堂章程》，这是我国第一个正式颁行的近代学制，对科举制度的废除和促使中国教育走向现代起了重要作用。癸卯学制包括二十个文件，其中主要是"学务纳要一册，管理学校通则一册，实业学堂一册，请讲学生章程一册"。这个学制的教育宗旨是"中体西用"，具有资本主义国家教育制度的形式，明确规定了各级学校的学习年限与学习目标，采用新的教育内容与方法。在这个学制的推动下，光绪三十一年（1905）清朝彻底废除了自隋唐以来的科举考试制度，新学堂也得到了很快的发展，光绪二十九年（1903年）以前，全国官办学校为数很少，新学制推动后不到八年，全国新学堂发展到五万二千多所，学生人数达一百五十多万人。

光绪三十二年（1906年），张之洞晋协办大学士，后督办粤汉铁路，充实录馆总裁官，1909年去世，著作有《张文襄公全集》。

## 点　评

从晚清中兴四大臣身上，我们不难发现不能中兴晚清的缘由了。这四大臣之间的作用是相互抵消的，特别是以曾国藩、李鸿章为代表的对外软弱派在政局中占着主导地位，把强硬派取得的功绩给化为了乌有。

软弱派在洋务运动中，崇洋媚外，对洋人采取了一种过分依赖的态度，到处表现出一种奴颜媚骨的嘴脸以讨好洋人，想以此来换取洋人的支持，结果被人越发看不起，洋务运动始终只能学到别人的浮表和过时的末技，这就根本谈不上中兴之路了。因此，晚清的中兴之举，只给未来播下一些种子。晚清中兴的失败留给后人的教训是：永远不要让软弱派主政，软弱派只能使强国变弱，使弱国灭亡，依靠他们来变革图强，无异于缘木求鱼。

值得回味的是，软弱派在主观上也是希望国家富强的，所以才会掀起一场洋务运动，实践魏源的"师夷之长技以制夷"的思想。有道是，吃一堑长一智。这些中兴的大臣，皆是智慧之士，看到此"软弱姿态"无效了，为什么不改变方略？难道这是一种性格使然？政治上的软弱性是由一种人格的软弱性决定的吗？但他们对农民起义，又为什么那么残酷强硬呢？是什么决定了他们对外政治上永远的软弱性？

密折用匣

# 第十三章

## 百日维新始末

甲午战争北洋海军的全军覆灭及《马关条约》的签订，举国震惊，它标志着洋务运动救国的彻底失败。在全国上下的群情激愤中，预示着将有一场新的风暴来临。

## 一、戊戌变法

《马关条约》签订以后，立刻在国内引起轩然大波，全国人民奋起反对，痛骂李鸿章的卖国行为。此时，正是全国举子在北京会试的时候，康有为、梁启超两人一起写了份长达一万四千字的《上皇帝书》，参加会试的各省一千多名举人都签了名，然后集合起来，到都察院门前请愿，求都察院向皇上转达他们的意见。

这就是轰动一时的"公车上书"。这次"公车上书"虽然皇帝没有看到，但影响极大，康有为、梁启超成了维新派的领袖。

"公车上书"的第二天，会试发榜，康有为考中了进士，清廷授予工部主事，但并没有影响他的维新思想。不久，康有为又用进士名义，第三次给光绪帝上书，这一次，光绪看到了，他读后非常赞赏康有为的主张。一个月后，康有为又写了《上皇帝第四书》呈了上去。

康有为的这些"上书"，光绪的教师翁同龢都读过，觉得说得在理，并积极向光绪推荐。光绪读后，心里久久不能平静。他的心被炽烈的火焰所燃烧，他陷入了深深的思索之中。

光绪亲政6年来，耳闻目睹的内政外交，皆是一本失败的记录，他从康有为的文章中，看到了振兴大清王朝的一线希望，为保大清社稷，非实行新政不可，但这必须征得慈禧的同意。光绪决心向慈禧摊牌了。

他来到乐寿堂，向慈禧跪地请安后，将公车上书的内容大致说了一遍，然后陈述了自己酝酿已久的新政方案，出乎他意料之外的是，慈禧并未训斥，也未阻挠。

光绪二十四年四月二十三（1898年6月11日），由军机处颁布了诏定国事的圣训，向中外宣示。光绪在圣谕中说："数年以来，中外臣工，讲求变法自强，迩者诏书数下，如开特科，裁冗兵，改武科制度，主大小堂，皆经一再审定，筹之至熟，妥议施行。准是风气尚未大开，论说莫衷一是。从喙晓晓，空言无补。试问时局如此，国势如此，若仍以不练之兵，有限之饷，士无实学，工无良师，强弱相形，贫富悬绝，岂真能制梃以挞坚甲利兵乎？朕……明白宣示，中外大小诸臣，自王公以至士庶，各宜努力向上，发愤为雄。……不得敷衍因循，徇私援引，致负朝廷谆谆告诫之至意，将此通谕知之。"

四月二十七日，光绪在颐和园召见康有为，听了不少有关改革方面的意见，其变法的要点就是"富国""养民""散民"之法，实行"议郎制"，开设十二局。一言以蔽之，就是实行君主立宪制，发展资本主义。光绪很高兴，授康有为暂时为总理衙门章京（主持文书工作），任梁启超为大学堂主事，维新派的骨干谭嗣同、杨锐、刘光第、林旭被任命为军机章京，参与批阅奏折、起草上谕的工作。同时，李鸿章、敬信给因筹办新政不力而被撤出总署。

于是，维新变法大张旗鼓地开展了起来，因这一年是农历戊戌年，故史称"戊戌变法"。

## 二、袁世凯叛变

变法刚开始时，慈禧并不反对，她对光绪说："变法也是要紧的，但勿违祖制，勿损满洲权势，方准施行。"

但随着变法的进行，触动了一些守旧派的利益，于是反对的声音四起。御史文悌就在木箱中投入不少弹劾光绪帝"倒行逆施"的记录文字。不久又索性上了一个奏折，严参维新人物康有为等。光绪阅过奏章，怒不可遏，将其革职。皇帝的态度对守旧大臣是当头一棒，他们觉得在皇上那里是无法行通，便把希望转向慈禧那里，他们私下串联，唆使文悌到天津，向慈禧的心腹直隶总督荣禄诉苦。

荣禄也十分明白，一旦维新派羽翼丰满，光绪掌握实权，自己的下场也将是一个未知数。他先通过文悌散布"皇上病重"的谣言，又串通李莲英唆使太监到酒楼哄传"皇上与维新派阴谋加害慈禧太后"的谣言等，这些谣言

袁世凯像

很快便传到了慈禧耳中。

看到火候已到，顽固派代表人物荣禄，就开始频频出现在颐和园，向慈禧报告新政的流弊以及众大臣的意见。慈禧太后听完气得脸色发青，半天不说话，心想："看来这个皇帝是不能让他当了。"

过了几天，光绪到颐和园去见慈禧，慈禧铁着脸对他说："你实行法政，我不管，可你要随便裁用大臣，任用那些维新派小人不行。"

光绪帝说："不变法不能救国，不把守旧无能的大臣罢免，任用有为之士，就不能变法，请太后理解我的心情。"

慈禧冷笑说："你倒该想想，你的皇位还要不要了！"

光绪一走，慈禧就同荣禄密计乘天津阅兵之机进行兵变，实行废立，而表面上却装出一个"颐养天年"的样子，假作脱离了朝政。

但这个密计被梁启超的内党得知并告知了维新派。光绪同康、梁等人反复研究后，决定利用手握兵权的袁世凯除掉荣禄，从而打乱"天津阅兵"的计划。

这袁世凯是个怎样的人物呢？袁世凯祖籍河南项城，他少年虽有学，却没有取得什么功名，平时喜欢使枪弄棒，与一帮浮浪子弟结交，恶少之名远近皆知。学业上已没有了指望，但他认为凭军功可以飞黄腾达，是做人上人的捷径，于是便投奔嗣父袁保中同寅弟兄吴长庆处。吴长庆时为山东提督，不久，袁世凯随军赴朝鲜，其时李鸿章是淮军和北洋海军的创建者，大学士兼直隶总督，位高权重。袁世凯察言观色，发现李鸿章不喜欢吴长庆，于是就在李鸿章面前说吴长庆的坏话。不久，李鸿章果然将兵权从吴长庆手中削去一半交给了袁世凯，结果吴长庆郁愤而死。而后，年方26岁的袁世凯在李鸿章的保奏下升为三品道员。

中日甲午战争时，袁世凯见李鸿章年近七旬，利用价值已不大，于是故伎重演。他将自己在朝鲜办理军务、外交的情况以及同李鸿章的来往电报，汇编成一本小册子，含沙射影地攻击李鸿章，分送给王公大臣。他知道荣禄与李鸿章有芥蒂，就频频出入荣府，一有机会就说李鸿章的坏话，荣禄很快将他收为心腹。就是这个见利忘义、善于投机钻营、反复无常的势利小人，却被维新派看中了。

一天，光绪召见袁世凯，做了一番抚慰后，任命他为侍郎候补。袁世凯返回法华寺，兴奋得连饮数杯，朦胧中听见一阵响声，袁世凯忙命护从去打探，只见三个背剑的陌生人前来造访，口称："要见尉帅。"

护从阻止不住，三人大步登堂入室，袁世凯不禁吓了一跳，来者中一位高个子见袁世凯神色不定，急忙拱手一揖道："我乃军机处章京谭嗣同，这两位乃是我的朋友大刀王五、通臂猿胡七，下官此来别无他意，谨向尉帅高升致以恭贺之意！"

这时，袁世凯才松了口气。谭嗣同是维新派代表人物，又是在皇上面前红得发紫的人，袁世凯自然心中有数，至于王五、胡七乃京师大侠，尽人皆知。他连忙客套说："鄙人才疏学浅，有幸升迁，还望大人关照。"

谭嗣同审视了一番袁世凯，试探着问："你对皇上的印象如何？"

善于见风使舵的袁世凯马上顺水推舟地说："鄙人曾在海外任职，同洋人打过不少交道，深知圣上非用康南海变法之术，中国绝无中兴之望。我之所以参加强学会，也是为了能够积极投身到变法中去。"

谭嗣同见状，就索性告诉袁世凯天津阅兵是个阴谋，慈禧和荣禄要加害皇上。一边说，一边从怀中掏出一幅黄缎密旨和一支小令箭，令袁接旨。袁世凯跪地双手接过，迅速浏览了一下圣旨，原来皇上命令他回天津铲除荣禄，夺过兵权，带兵赴京勤王。他极为惊骇，半晌无语，愣愣地跪在那里，像一段呆木桩。

"尉帅请起！"

袁世凯这才如梦方醒，颤巍巍地站起身。谭嗣同接着又讲了太后和荣禄的密谋，最后说："现在皇上大难临头，只有你能救皇上。"

谭嗣同盯着袁世凯又说："眼下皇上有难，正需臣子报效，你办了这件大事，可升为直隶总督。如若不然，尉帅可到颐和园去告发，这个功也不小，这全凭尉帅裁处了。"

袁世凯抖动着两撇小胡子，显出无比激动的样子，正色说："大人将袁某看成什么人了！请你转告皇上，放心就是。皇上对我恩重如山，我袁某虽肝脑涂地，无以报效！荣禄逆贼，我杀他岂不和宰一条狗一样容易吗？"

谭嗣同仍不放心地说："此事关系重大，万万不可大意。"

"老弟放心，袁某明白，明日即回天津布置。"袁世凯一脸庄重诚恳的样子。

谭嗣同走后，袁世凯权衡利弊，最后去见荣禄，将谭嗣同的密访一字不漏地报告给了荣禄，还将密旨和小令箭一起交给荣禄。荣禄见了这些，大吃一惊，连夜去见了慈禧。

## 三、戊戌政变

光绪二十四年八月初六（1898年9月21日）凌晨，光绪帝正在睡梦中，御前太监王商唤醒了他："万岁爷，太后老佛爷回宫了！"

光绪一听，脑袋顿时"嗡"的一声，神色为之一变。因为按惯例，每年端午节到万寿节这一段初夏到中秋之际，慈禧一向住在颐和园中消暑，此时尚早，她突然回宫，其中必有缘故。王商又低声说："万岁爷，听说老佛爷的气色不大好……"

光绪两只大眼睛转了转，皱了一下眉头，不禁满腹狐疑，心想，难道袁世凯那里出了什么岔子？他定神吩咐道：

"叫过珍妃，跪迎老佛爷！"

光绪和珍妃来到慈禧跟前，跪拜说："亲爸爸，孩儿给您请安。"

慈禧瞪视着光绪，手指着他道："哼，在你眼里，还有我这个亲爸爸吗？"

亲爸爸，是满族人对姑母的一种尊敬而又亲切的称呼。光绪4岁进宫时，慈禧就命乳娘、太监教小载湉称她"亲爸爸"。

光绪支吾道："连日政务繁忙，不曾到颐和园去给亲爸爸请安，实是孩儿的不是。"

慈禧挖苦道:"我知道你很忙,一会儿部署斩杀荣禄,一会儿部署兵力包围颐和园,如此军国大事,岂能不忙!"

光绪不听犹可,一听脑袋"嗡"的一下,几乎昏倒在地。他知道机密已经泄漏。半响,才讷讷地说:"亲爸爸言重了,孩儿岂敢?孩儿因不愿大清倾覆,不愿做亡国之君,才效法日本明治维新,以求中兴大清太平盛世。而那些老耄们极力阻挠,孩儿不得不杀一儆百……"

没等光绪说完,满脸铁青的慈禧用手猛拍了一下御案,叫道:"杀一儆百,你不是杀到我头上来了吗?你好大的胆!你本是旁支侧出,4岁时是我把你抱进宫来,二十多年,我替你成婚,让你亲政,可如今你长大了,你却报答得好啊,你听信小人的话要杀我这老耄,天理良心何在?你从小就读过圣贤书,知道'子不违父命'的道理,如今你贵为天子,我倒要问你这做儿子的要杀父母,该当何罪?你这忘恩负义的东西。"

慈禧说着,不禁有些哽咽了,一双老眼溢满了泪水。光绪扑通一声跪倒在地:"亲爸爸,孩儿绝不是此意,莫听小人谗言。"

"那谕旨和令箭也是小人谗言吗?"

光绪已经解释过了,不想再说话。慈禧说:"可惜啊,可惜,你辜负了我这份心哪,你口口声声大清江山,可是大清江山就要断送在你手里了,你这个不孝——"慈禧想说"逆子"二字,但对皇上说"逆子"有些不妥,就咽了回去,接着又说:"你也不想想,今天没了我,明天还能有你吗?你根本不配做皇上,我一定废黜你,另立明君!"

这天上午,王公大臣们集聚在乾清宫,慈禧在御座上正襟危坐,荣禄、李鸿章、庆亲王、端郡王等都跪在案前,慈禧开门见山地说:"近年来我归政以后,不料皇上听信康逆妖言,闹得举国上下乌烟瘴气,坏了大清的体统，皇上既然已经辜负祖宗寄托，已不堪为帝，我意应当废黜，众卿以为如何？"

群臣面面相觑，半晌不敢出声。荣禄因听到一些风声，知道洋人对光绪新政颇有好感，都支持他变法，如果真的废了光绪帝，国内、国际皆会有人反对，于是壮着胆子说："废立恐引起国际干涉，臣以为暂缓为妥，臣等再请老佛爷训政。"

其实，谁当皇帝并不重要，重要的是慈禧重新垂帘听政，这样大权在握，一切都好办了。荣禄提出此议，既合慈禧之意，又省去了不少麻烦。慈禧又问群臣："众爱卿以为如何？"

荣禄乃慈禧第一心腹，谁还敢有异议，遂纷纷说："制台大人所言甚妥，我们请老佛爷重新训政。"

"只有太后重新训政，大清才有希望。"

于是当天下午，荣禄命军机处拟旨，以帝诏布告天下，略称：

朕躬疾脞，再请慈禧皇太后亲政；由即日起，在便殿设朝办事。

钦此。

第二天一早，光绪被软禁到了瀛台。他站在涵元殿，望着茫茫的西苑湖秋水，仰天叹道："吾不如汉献帝也！"

这样，戊戌变法失败了，从宣布变法到变法失败，前后只有一百零三天，于是，人们又称之为"百日维新"。

慈禧重新训政的头一道懿旨，就是下令缉拿康有为、谭嗣同等维新派人物。

光绪在风声鹤唳的时候，并没有忘记与他休戚与共的维新派。他在去瀛台之前，曾下了一道密旨，令康有为等逃匿。康有为接到密旨，知道不妙，立即乘火车前往天津，又从天津搭一艘英商太古公司的"重庆"轮船去上海，在英国领事白利南的保护下，从上海乘快艇去了香港。梁启超接到密旨后急赴日本大使馆避难，后来在日本人保护下伺机逃到了日本横滨。

谭嗣同知道政变消息后，一面深悔自己认错了袁世凯而误了皇上的大事，一面暗自打定主意，国难当头，以死来唤醒国人。大刀王五和通臂猿胡七无论怎么劝，均告无效，最后谭嗣同慷慨赴死，他在狱中用炭写了首诗表达自己的壮志：

望门投止思张俭，忍死须臾待杜根。

我自横刀向天笑，去留肝胆两昆仑。

1898年9月28日，清政府杀害了谭嗣同和另外五个被捕的人：林旭、杨深秀、刘光第、杨锐、康广仁。后来，人们称他们为"戊戌六君子"。

## 点　评

戊戌变法的失败，把人们依靠朝廷本身的改革来强国的最后一丝梦想也给破灭了。戊戌政变，清朝皇室自相残杀，错过了变革维新的机会，丧失了选择发展道路的机会。清廷拒绝维新，终遭灭顶之灾。而对于改革家来说，空有政治理想而没有适宜的手段和谋略，政治理想就会落空，就会被玩弄权术的反动势力所击败。

# 第十四章 义和团运动

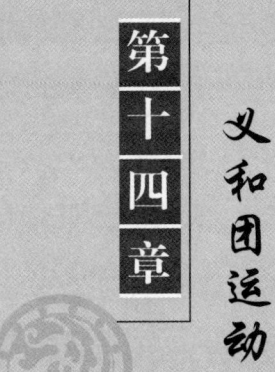

自鸦片战争以后，由于清政府的腐败无能，对外国列强侵略的一忍再忍，一退再退，一个个丧权辱国的条约在列强的炮舰威逼下不断地签出，大量的割地赔款使中国人民背上了沉重的包袱，生活陷入水深火热之中，中外民族矛盾越发尖锐起来，终于爆发了灭洋兴国的义和团运动。

## 一、义和团运动的兴起和发展

义和团组织最早是在白莲教的基础上产生的。嘉庆时期的白莲教起义失败后，几十年间，白莲教的各个支派继续暗暗流传。在京津、山东、河南、山西等省有八卦教、经阳教、荣华教的秘密结社，都属于白莲教系统，其中以八卦教传播最广。清朝官方规定：凡传习八卦教的，不但要查拿禁止，而且为首的要处以极刑，在这种高压政策下，八卦教徒便用传习拳术来隐秘自己。

中日甲午战争时，山东有些地区已有义和拳组织的活动。战后几年在鲁南活动的大刀会，也同义和拳组织有联系。这种组织有过"拳会""红拳会""义和拳会"等名义，参加义和拳的以农民、手工业者最多，他们平时在家里从事各自的生产劳动，在劳动之余，在一起练习武术。加入义和拳组织，需要履行一种仪式：练拳时要先跪在地上给师傅磕头，面朝南发誓，还要口中叨咕咒语。师傅告诉徒弟，只要按照这种方法练下去，就会练成"神拳",能躲避枪炮的射击,刀枪不入,所向无敌。这种因对西方火炮的野蛮而产生的幻想迷信对当时无知的民众产生了很大的吸引力,人们纷纷加入义和拳的行列。在山东,由于德国军队入侵胶州湾,德国教会变本加厉地盘剥,教会势力不断扩张,横行乡里,鱼肉百姓,终于激起了大规模的农民反帝爱国运动。

1898年10月,山东冠县义和拳首举义旗,揭开了义和团运动的序幕。冠县城的梨园屯与京津威县交界,这里的天主教民在法国传教士的指使下,与村民长期争用玉皇庙基,并于1897年春在旧庙基上重建教堂,结果"村民大哗,群起抗拒"。村民阎书勤、高元祥等,绰号"十八魁",率众驱逐教民,拆毁教堂,重建玉皇庙。他们还邀请威县著名梅花掌首领赵三多前来护庙,赵三多率领拳众在梨园屯亮拳设厂。传教士要挟清政府镇压拳民,山东巡抚张汝梅一面派兵镇压,一面建议清政府"将拳民列诸乡团之内,听其自卫身家,守望相助"。于是,1898年10月,赵三多等人在冠县蒋家庄率众起义,竖起了"助清灭洋"的旗帜,并改称义和团,率众直攻红桃园教堂,与前来镇压的清军多次搏斗,队伍发展到千余人。随后,起义军分为两路,一路由阎书勤率领,活动在了鲁交界地区,继续打击教会势力;一路由赵三多率领,沿运河北上,势力扩展到京津南部和中部。

当犁园屯义和团起义之际,鲁西北的长清、高唐、禹城等州县义和拳,也在朱红灯等人的领导下积极开展反洋教斗争。1899年秋,平原县木工子李庄村民李金榜欺压拳民首领李长水,勾结平原县令蒋楷,以"闹教"得罪洋人的罪名逮捕拳民6人,朱红灯由茌平率队前来救援。10月,朱红灯带领拳民击退蒋楷的进攻,接着又在平原县的森罗殿大败前来镇压的清军，声威大震，山东义和团运动迅速高涨起来。

义和团以星星之火而成燎原之势，这引起了清政府的极大恐慌，他们多次宣布义和团为"邪教"，严加禁止。以袁世凯等人为代表的"主剿派"，多次派兵镇压、围剿。在这种环境下，朱红灯等著名将领带领义和团东挡西杀，毫无畏惧，一方面抵抗清军的不断剿杀，另一方面痛击西方教会势力，去除百姓的重压。他们在高碑店、涿州、琉璃河、长辛店、丰台等地拆毁车站及铁路，使西方各国使馆大为惊慌。

由于义和团在起义的过程中，提出的观点反映了普通百姓的利益，加之指挥有方，秩序井然，从不骚扰当地居民，贫困的百姓非常支持、拥护义和团的斗争。运动发展得异常神速，短短几个月，各地便形成了数以万计的大规模的农民起义军。同时义和团"助清灭洋"的口号，又得到了一些爱国官绅、士大夫和清军爱国将士的支持，使这次运动空前高涨。慈禧等人也害怕一味"剿办"会"激成变端"，于是便采取"抚"的办法默认了这个组织的存在，企图利用和收编这支武装力量。义和团在斗争中无形地争得了合法地位，不久迅速在北京、天津附近发展起来。

随着北京附近各县义和团声势浩大的发展，外州县团众三五十人一队队陆续涌入京城。清政府的各个大小衙门、王公住宅多有义和团把守监视，并在各重要路口、内外城门口布岗设哨，满汉各营的士兵，如神机营、武卫后军等军士几乎全部参加了义和团。京城里到处都是义和团的揭帖："还我江山还我权，刀山火海爷敢钻，哪怕皇上服了外，不杀洋人誓不完。"此时，总理衙门的权势一落千丈，北京政权虽没有被义和团直接控制，但义和团却在北京产生了一定的政治影响。

## 二、八国联军的进攻

义和团运动使西方列强十分恐慌，列强开始率领侵略军进攻北京，英海军提督西摩尔首先率领侵略军1800余人由天津乘车向北京进攻，但遭沿途义和团英勇截击，狼狈逃回天津。

此时的清政府面对西方列强的武装入侵及义和团运动的日益高涨深感进退维谷。几个月以来严厉查禁义和团的结果都是"卒未有获"，而被起义军在北京的运动吓得恐惧万分的外国侵略者，企图用屠杀来阻止运动的发展。使馆卫兵屠杀无辜团众数百人的罪行，激起了北京群众的极大愤怒，也遭到了义和团的英勇回击。西什库教堂在外国军队及教堂武装的保护下，被义和团围困了63天之久。同时，他们还进攻各国使馆，给西方列强以狠狠的教训，日本使馆书记杉木彬、德驻华公使克林德被杀。

面对义和团如此浩大的声势，慈禧一面调兵二营专保颐和园，另一面任命载勋为统率义和团大臣，正式承认了义和团的合法地位。慈禧发布对外宣战的命令，派清军配合义和团去进攻使馆，并不断把北京的义和团调赴通州、天津等地去抵抗外国的侵略。

1900年6月10日，八国联军两万多人在英国海军中将西摩尔率领下，分批由天津乘五列火车向北京进犯。义和团以破坏铁路相阻截，侵略军只得边修路边推进，津京全线火车原只有三四个小时的路程，结果侵略军用了八十多个小时才到达离北京尚有一半距离的廊坊车站。1900年7月，八国联军攻陷天津。8月初，各国侵略军统帅举行会议，商量进攻北京，当时京津铁路已被破坏，侵略者决定沿运河取道通州西进。8月4日，侵略军约二万人从天津出发，美、英、日三国侵略军沿运河西岸，俄、德、法、奥、意五国侵略军沿东岸向北京进犯。

当时，京津之间的清军尚有数万人，但慈禧不想抵抗，开始向侵略者乞降。她一面电催李鸿章北上与列强议和，一面命人通知各国统帅，乞求停战。随着侵略军的推进，清军望风而逃，仅少数部队抵抗，京津沿线的义和团战士则顽强地战斗。侵略军走到哪里，哪里就有义和团的阻击。

8月5日，八国联军到达离天津仅十公里的北仓。驻北仓的是从天津撤出的马玉昆率领的清武卫右军，聂士成的武卫前军余部把守着运河西岸的韩家墅。侵略军到北仓后，即与马玉昆部遭遇。义和团大队人马数千人立即从附近各地赶来，和清军会合，阻击侵略者。5日凌晨，侵略军向北仓发起攻击，义和团战士和武卫右军在运河两岸挖战壕，顽强抗击，与敌人展开血战。义和团战士还掘开运河，放水阻遏敌人。双方激战时，八国联军见打不下北仓，就转向进攻韩家墅，守卫在那里的清军人数少，韩家墅被日、美、英军队占领，于是敌人渡过运河，从侧翼进攻北仓阵地，义和团和清军遭到敌人夹击，马玉昆的军队在混战中撤退，大批义和团战士壮烈牺牲，北仓失守。北仓阻击战，是八国联军进攻北京途中遭遇到的一次最顽强的抵抗，义和团和部分清军官兵英勇作战，歼灭侵略军一千三百余人。

随后，八国联军便长驱直入，兵临北京城下，马玉昆等统帅的清兵抵挡不住洋兵的进攻，撤入城内。洋兵驻扎城外，向城内开炮，流弹纷飞，许多房屋被毁，平民死伤无数。1900年8月14日凌晨，慈禧携带光绪等数百人逃出了北京，北京被八国联军攻陷。随后清军又开始剿杀义和团士兵，在八国联军和清兵的联合剿杀下，义和团运动不久被镇压下去了。最后，清政府同八国联军签订了又一个卖国条约——《辛丑条约》。

## 点　评

义和团运动是一场群众性的反对西方列强的斗争，它显示了中国人民不可屈辱的斗争精神。它的一个重要缺陷就是没有统一的组织领导，基本上是几十至几千人的各自为战的战斗，这无疑影响了它的发展和成功。对于它的失败，用当时俄国陆军中将苏罗捷科夫致陆军大臣的电报中的一段话来评价是十分中肯的，他说："中国现在已经表明，它能够为种族斗争提供多么巨大的兵力、金钱和精力，所缺乏的只是组织和组织者。"义和团运动的失败给后人留下一个深刻的教训。

义和团

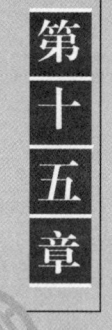

# 第十五章 清王朝的终结

清王朝饱受第一次鸦片战争、第二次鸦片战争、中法战争、中日甲午战争、日俄战争、英法联军侵入北京、八国联军再侵入北京的一次接一次的失败；《南京条约》《天津条约》《北京条约》《瑷珲条约》《马关条约》《辛丑条约》的一次接一次的屈辱，错失了一次又一次变革图强的机会，终于走向了最后的灭亡。

## 一、光绪与慈禧同死之谜

光绪三十四年（1908年）灯节之夜，慈禧率众嫔妃到北海观看焰火，本来年纪已大，劳累过度，又着了风寒，遂染疾病，并有日趋恶化之势。

袁世凯、李莲英等见状首先慌了神。他们知道慈禧这个靠山一倒，光绪帝一旦复辟，绝不会放过他们。于是这些人都希望光绪帝早一天死，竟明目张胆地虐待起皇帝来。往常光绪每顿正餐都需摆上百盘美味佳肴，如今，二三十盘菜肴中，除了几盘新做的以外，其余皆是反复摆放的剩菜，刺鼻的味儿难以下咽。

光绪令御前太监王商上奏慈禧，要求改善伙食，慈禧均置之不理，一次破例亲自去瀛台，竟以国家艰难、理应节俭为由将光绪训斥了一顿。

此后，李莲英等更加肆无忌惮，不知在饮食中加了什么东西，弄得光绪帝经常便秘，有时两三天不能通便，只好常叫御医光顾。

那些御医，似乎与李莲英等串通好了一样，三五分钟把过脉，然后随便开一剂方子应付了事。光绪的病情日趋严重，他对医药也渐渐失去了信心，开始怀疑饮食中有人做了手脚，于是索性少吃饭，多吃水果，这样一来，身体又有了一些好转，这使袁世凯、李莲英等人深感意外，于是思谋着更毒的招数。

一次，李莲英给慈禧梳头，顺便说了几句谗言，说光绪闻知慈禧病重，十分高兴，经常吟诗作画，习武划船。这些话被李莲英拐弯抹角地一说，使病中本来就心情不佳的慈禧顿生怒气，反骂道："不孝逆子，想得倒美！哼，他休想死在我的后头！"

李莲英听了这话，心里暗自高兴。不久，光绪的病情便骤然加重，御医张仲元、名医杜钟骏等为光绪看病，谁也说不清到底得的是何病症，只好开了人参、麦冬、五味子等常服药，自然毫无效果。

到了十月初十慈禧73岁生日这天，宫内宫外，张灯结彩，热闹非凡，光绪率百官至仪鸾殿行庆贺礼，然后大摆宴席，十分排场。之后慈禧又到畅音阁大戏台看戏，到南苑湖乘游船。不料乐极生悲，这天夜晚，慈禧又觉得身子不适，在原病的基础上又得了痢疾，接连数日，不见好转。

十月十七，慈禧虽然病重，却格外关心地问起光绪帝："皇上近日可好？"

李莲英说："也是怪事，老佛爷一病倒，万岁爷倒见好多了，这两天经常到海事散步，这叫'人逢喜事精神爽'啊！"

"什么喜事？"慈禧问。

"恕奴才用典不当之罪。"李莲英说。

慈禧说："我明白你的意思，我病倒了，对皇上来说自然是'喜事'

喽！哼，难道我会走在他前头？"

李莲英说："奴才愿去瞧瞧他，照顾一下，或许能使万岁爷更快地康复呢。"

次日清晨，李莲英真的来到了瀛台岛，表现出对光绪格外关心的样子，向光绪问寒问暖。光绪感到非常诧异，但转念一想，认为李莲英是怕慈禧死后，自己会收拾他，所以特来献殷勤的，于是收了疑心。过了一会儿，李莲英令小太监给光绪帝端了一杯"西洋茶"服下，就在李莲英走后不久，光绪病情陡然加重，他只觉得腹中隐隐作痛，倒在床上翻来覆去地难以忍受，大叫肚子疼。

被速传而来的御医屈桂庭诊断后，觉得皇上的病情很蹊跷，心里很害怕，担心自己会被卷到这场危机中来，于是草草开了方子，退出了涵元殿。

十月二十上午，隆裕皇后来看光绪，但他仅微微睁开眼看了一看，便又昏了过去，似乎已神志不清了。

十月二十一晚五时许，光绪驾崩，时年38岁。

光绪死时，慈禧也病入膏肓，在神志尚清醒时，召见王公大臣，传下一道懿旨诏溥仪继位。

十月二十二，慈禧病逝。

仅仅相隔一天，手握权杖的中国最高两位统治者相继死去，引起国内外一片震惊，一时间谣言四起，说什么的都有。光绪帝死得不明不白，又成为清宫疑案之一。

十一月初九，清王朝为年仅3岁的末代皇帝爱新觉罗·溥仪举行了登基大典，溥仪在《我的前半生》中回忆道：

我被他们折腾了半天,加上那天天气奇冷,因此,当时把我抬到太和殿,放到又高又大的宝座上的时候,早超过了我的耐性程度。我父亲单膝侧身跪在宝座下面,双手扶我,不叫我乱动,我却挣扎着哭喊:"我不喜欢这儿,我要回家!我不喜欢这儿,我要回家!"

父亲急得满头是汗,文武百官的三跪九叩没完没了,我的哭叫也越来越响,我父亲只好哄我说:"别哭,别哭,快完了,快完了!"

典礼结束后,文武百官走在退朝的路上,议论说:"怎么可以说'快完了'呢?"他们感到这是大清朝廷的不祥之兆。

## 二、辛亥革命

没完没了的失败,无穷无尽的屈辱,人们已经厌恶帝制,希望共和;厌恶君主,渴望民主。顺应这历史的潮流,孙中山发动了推翻帝制,建立共和的革命。

光绪三十一年(1905年),中国同盟会在日本东京成立,推举孙中山先生为总理,以"驱除鞑虏,恢复中华,建立民国,平分地权"为纲领。

光绪三十二年(1906年)七月,清廷颁诏宣布"仿行宪政",先是诸大臣面奏请行宪政,但清廷谕旨:"大权统于朝廷""民智未开""数年之后,再定期限"。

可人们再也等不起了。从光绪三十三年（1907年）四月到宣统三年（1911年）四月，同盟会组织民众先后在广东黄冈、安徽安庆、浙江绍兴和广州黄花岗等地起义，但均因势力悬殊等原因而失败了，接着，同盟会又决定在湖北武汉发动起义。

武汉称"九省通衢"，是当时国内仅次于上海的第二大城市，它是帝国主义侵略的重要据点和清朝反动统治的一个重心，也是资产阶级革命力量发展迅速的地区和各省革命党人联系的枢纽。当时武汉新军中参加革命组织的士兵群众达五六千人，占湖北新军总数的三分之一左右，这为武汉起义的发动奠定了坚实的基础。

为了加强对武汉地区革命力量的领导，共进会和文学社两个革命团体在同盟会中部总会的斡旋下决定联合行动，于9月24日组织了统一的起义领导机构，推举文学社领导人蒋翊武为湖北革命军总指挥，共进会领导人孙武为参谋长，两团体的重要骨干刘其、彭楚藩等为军事筹备员。他们拟定了起义的详细计划，推举了武装起义后军政府的负责人，草拟文告，派人到上海迎接同盟会领导人来鄂主持大计，同时和邻近各省进行联系，策动响应。

这时，孙中山远在海外筹款，以接济国内的革命活动。黄兴在香港接到有关湖北情况报告后，即复函赞成在武汉发动起义，不过，他要湖北革命党人等孙中山筹措20万元巨款和购买大批枪支弹药后发动。湖北革命党人认为，起义时机已经成熟，"势成骑虎"，不能等待。因为他们看到，清政府从湖北抽调大批新军前往四川镇压保路运动，新军中的革命骨干将随军离去，势必削弱湖北革命力量，于是他们坚决表示，即使"无外款接济"，也照常起义。

湖北革命党人原定农历八月十五日中秋节（10月6日）举行起义，由于准备不妥而延期。10月9日，孙武在汉口俄租界制造炸弹因失慎爆炸，沙俄巡捕闻声赶来，孙武逃匿到医院，而准备起义的旗帜、符号、文告、书信等全被搜去。第二天，设在武昌指挥起义的秘密机关又遭破坏，彭楚藩、刘其等被捕，蒋翊武逃脱。湖广总督瑞澂下令杀害彭、刘及李洪胜三人，全城戒严，按照查获的名册搜捕革命党人，武昌形势顿时紧张起来，革命面临十分严峻的考验，起义活动已成"群龙无首"的状态。但革命党人和新军中的革命士兵群众，没有畏惧退缩，在失去指挥机关的紧急情况下，自行联系，坚决发动了起义。

10月10日晚，新军工程第八营的革命党人打响了起义的第一枪。他们打死镇压起义的反革命军官，几十人冲往楚望军械库夺取弹药。军械库守军中的革命士兵们闻风响应，一举占领了楚望台。接着，步、炮、重各营和军事学堂学生约五个营兵力，纷纷起义，齐聚楚望台，临时推举原日知会会员、队官吴兆麟担任指挥，向总督衙门发动攻击。革命军士兵们奋不顾身，血战通宵，占领了总督衙门、藩库等重要机关。湖广总督瑞澂仓皇逃往停泊在长江的兵船上。起义军一夜之间占领了武昌城，取得起义的胜利，11日晚和12日晨，驻汉阳、汉口的新军也先后起义，不久，武汉三镇便完全为革命党人所控制。

接着，起义军成立湖北军政府，推举黎元洪为都督，废除宣统年号。随之，湖南等13省纷纷响应，宣布独立，清政府迅速解体。不久，各省代表到南方举行会议，推选孙中山为临时大总统，决议改用公历纪元。由于当年为农历辛亥年，故史称这年的鼎革之变为"辛亥革命"。

"辛亥革命"结束了268年的清朝统治，也结束了中国两千多年的专制帝制。

## 三、宣统皇帝退位

1912年1月1日，孙中山在南方宣誓就任临时大总统，宣告中华民国成立。随后，孙中山与袁世凯秘密协商，若袁世凯逼清帝退位，就让位袁世凯继任大总统。

袁世凯和孙中山谈妥后，去觐见隆裕太后和宣统皇帝。袁世凯跪在地上，毕恭毕敬，装出一副悲伤的样子，假惺惺地挤出几滴眼泪说："海军尽叛，天险已无，何能恃以六镇诸军，防卫京津？虽效周室之搬迁，已无相容之地……"

袁世凯的言外之意是请宣统皇帝退位，当时宣统帝溥仪仅是个6岁的孩子，当然不能明白，主事的隆裕皇太后心里知晓，眼泪流了出来，她擦了擦眼泪说："大清天下断送在我们手中，我们愧对祖宗啊！"

袁世凯叹了一口气说："皇太后不要过于伤心，世事变迁，不能由太后一个人承担责任，俗话说，'识时务者为俊杰'……"

袁世凯没说完，隆裕皇太后急忙问："如若退位，那民国将如何待我们？"

袁世凯说："紫禁城前边的三大殿归民国，皇上、皇太后等一切尊号不变，仍住在乾清门后的宫室，所有皇室财产仍旧归自己所有。这些优待条件鄙臣均已拟定好，请太后过目。"

说着，袁世凯从口袋中取出几张纸，递给隆裕太后。隆裕太后接过纸，只见上面写着：

（1）大清皇帝辞位之后，尊号仍存不废，中华民国以待各外国君主之礼相待。

（2）大清皇帝辞位之后，发银四百万两，俟改铸币后，改为四百万元。此款由中华民国拨用。

（3）大清皇帝辞位之后，暂居宫禁，日后移居颐和园，侍卫人等，照常留用。

（4）大清皇帝辞位后，其宗庙陵寝，永远奉祀，由中华民国酌设卫兵，妥善保护。

（5）光绪皇帝未完工之陵墓，仍旧按原计划修造，所有经费，均由中华民国支出。

（6）宫内原有各项人员，照常留用，但以后不允许再招进太监。

（7）中华民国保护大清皇帝之私有财产。

（8）原有禁卫军，由中华民国陆军部管理，俸饷如旧。

隆裕太后看罢，抽泣呜咽了一阵，然后一把将溥仪搂在怀里，轻轻地说了一句："可怜我们孤儿寡母。"

1912年2月12日（宣统三年十二月二十五），隆裕太后发布了由张謇幕僚杨廷栋执笔，经张謇润色，袁世凯审阅的《退位诏书》。其文清雅，极致文思，颇为得体，可谓大格局，亦为大手笔，把一代皇朝之终结，中华两千年帝制之终结，说得轻松而洒脱。兹录如下，以示读者：

前因民军起事，各省响应，九夏沸腾，生灵涂炭。特命袁世凯遗员，与民军代表，讨论大局，议开国会，公决政体。两月以来，尚无确当办法，南北暌隔，彼此相持，商辍于途，士露于野。徒以国体一日不决，故民生一日不安。今全国人民心理，多倾向共和。南中各省，既倡议于前；北方诸将，亦主张于后。人心所向，天命可知。予亦何忍因一姓之尊荣，拂兆民之好恶。是用外观大势，内审舆情，特率皇帝将统治权公诸全国，定为立宪共和国体。近慰海内厌乱望治之心，远协古圣天下为公议。袁世凯前经资政院选为总理大臣，当兹新旧代谢之际，宜有南北统一之方，即由袁世凯以全权组织临时共和政府，与民军协商统一办法，总期人民安堵，海宇又安。仍合满、蒙古、汉、回、藏五族完全领土为一大中华民国，予以皇帝得以退处宽闲，优游岁月，长受国民之优礼，亲见郅治之告成，岂不懿欤。

## 点 评

是的，专制帝制该结束了，这个统治了中国几千年，使一切陷于异化的社会关系之中而失去真我的制度该结束了。虽然宣统的退位诏书说得很洒脱，但国人的心理是沉重的，它似乎来得太迟了，而且付出了多少鲜血的代价。而新的共和制度才刚刚起步，它又要经受多少磨难，才能走向成熟呢？

大清王朝的悲喜剧终于落下了帷幕，但它带给人们的思索却远远没有完结，也许永远也不会完结。这个变幻令世人眼花缭乱的时代，蕴含了人类兴衰的无穷玄机。谁能参悟得透，谁就能破解人类进步发展之规律。

附录

## 一、清初的文字狱

清朝统治者对明朝留下来的文人，一面采取招抚办法，一面又对任何反满思想和活动采取严厉的镇压手段，从康熙到乾隆三朝，见于记载的文字狱案件约有七八十起。

康熙二年（1663），浙江湖州有个文人庄廷龙刻印了朱国桢编写的明史，又请人增添了明末天启、崇祯两朝的事，其中多有指责满洲的文句，被人告发。这时庄廷龙已死去，清政府知道后，竟下令把已死的庄廷龙开棺戮尸，其他作序者、刻印者、校阅者、售书者、藏书者被杀72人，充军边防的也有几百人。

康熙五十年（1711），又有人告发，在翰林戴名世的文集里，竟然有对前明政权表示同情的态度，于是，清廷下令把戴名世打进大牢，判了死刑，这个案件牵连到他的亲友和刻印他文集的人，有二百多人。

对于这些完全由写文章引起的案件，史称"文字狱"。

康熙之后，继位的雍正帝是一个残暴成性、猜忌心很重的人，在他的统治下，文字狱出现得更多也更严重，其中最著名的一个案件就是吕留良事件。

吕留良是康熙时的一个著名学者，明朝灭亡以后，他参加反清斗争没有成功，就在家里开设私塾教书，有人推荐他参加博学鸿辞科，他坚决地拒绝了，官员劝他不听，威胁他也没有用，后来他索性跑到寺院里，剃光头当了和尚，官员们对他没有什么办法。

吕留良当了和尚后，就躲在寺院里著书立说。他写的书里有反对清朝统治的内容，书写成后，没有向外流传，吕留良就死了。后来有个湖南人曾静，一个偶然的机会见到了吕留良的文章，对吕留良的学问十分敬佩，就派了个学生张熙，从湖南跑到吕留良的老家浙江去打听他遗留下来的文稿的下落。

张熙到了浙江，不但打听到了吕留良文稿的下落，还找到吕留良的儿子和两个学生，张熙跟他们一谈，很合得来。他回去向曾静汇报后，曾静也和他们见了面。他们几个人议论起清朝的统治，心中都十分愤慨，随后秘密商量，如何推翻满洲的统治。他们认为，光靠几个读书人办不了大事，后来，曾静打听到担任陕甘总督的汉族大臣岳钟麒，是岳飞的后代，心想他能够继承岳飞的遗志来推翻清朝，于是曾静写了一封信，派张熙去找岳钟麒。

这事说起来已经有点近乎笑话，岳飞抗金到他们预谋反清时已隔着整整一个元朝，整整一个明朝，清朝也已过了八九十年，算到岳钟麒身上都是多少代的事啦，还想让他因一个"岳"字拍案而起，反叛清朝，中国书生的昏愚和天真就在这里。岳钟麒是个清朝的大官，做梦也没有想到过要反清，岳钟麒接见张熙，拆看了来信，大吃一惊，厉声问道："你是哪里来的，胆敢送这样大逆不道的信？"

张熙面不改色说："将军跟清人是世仇，您难道不想报仇了？"

岳钟麒说："这话从哪儿说起？"

张熙说:"将军乃是岳武王岳飞的后代,现在清朝的祖先是金人,岳飞当年被金人勾结秦桧害死,千古称冤,现在将军手里有的是人马和兵力,正是替岳武王报仇的好机会。"

岳钟麒听后,虚假地应付说:"听了你的话,十分感动,我决心起兵反清,希望你帮我出出主意。"

于是,张熙把教师曾静交代的话都如实抖了出来,岳钟麒获得张熙提供的情况后,一面派人到湖南捉拿曾静,一面立刻写了一份奏章,把曾静、张熙怎样图谋造反的事,报告给了雍正帝,随后把张熙也抓了起来。

雍正接到报告后,立刻下令把曾静、张熙押送到北京,命刑部严刑审问,最后查出了曾静还跟吕留良一家有密切来往,这样,案子就牵连到吕留良。由于吕留良已经死了,雍正下令把吕留良的坟刨了,棺材劈了,又把吕留良的后代和学生全部抓起来,判刑的判刑,杀的杀,充军的充军。

其实,真正反对朝廷的活动而引起的案子是不多的,其中大部分文字狱,完全是牵强附会,挑剔文字过错,甚至为了一句诗、一个字而惹出杀身大祸的。

有一次,翰林官徐骏在奏章里,把"陛"字错写成了"狴"字,雍正见了,马上把徐骏革职,后来再派人一查,在徐骏的诗集里找出了两句诗:"清风不识字,何必乱翻书。"清政府无端挑剔说这"清风"二字就是指清朝,这样一来,徐骏便犯了诽谤朝廷的罪,把自己的性命白白地送掉了。

再如雍正四年(1726年),满洲隆科多的党人礼部侍郎查嗣庭出任江西考官,出题有"维民所止"四字,清政府认为这是去掉雍正二字之头,遂把查嗣庭打进了监狱,判了死刑。

雍正不仅用血腥的屠杀来加强对思想文化的统治，而且还亲自著书来驳斥反对者。吕留良在他的书中强调孔子的思想精义是"尊王攘夷"，主张严"华夷"之别，雍正撰辑了《大义觉迷录》一书，并将它颁行天下，他在书中则强调"华夷无别"，认为舜是"东夷"人，文王是"西夷"人，自己虽是满族人，却和舜、文王一样，可以完全合法地做中国的皇帝。

陆生楠作《封建论》，反对清朝的统一和专制统治，企图恢复三代的"封建"，雍正则作《驳封建论》，书中写道："中国之统一始于秦，塞外之统一始于元，而极盛于我朝，此皆天时人事之自然，岂人力所能强乎？"

雍正的这番话，带有明显的委屈情绪，也确有一些动人的地方。但他口口声声说自己是"外国人""夷人"，尽管他所说的"外国"只是外族，而且也泛指中原以外的几个少数民族，与我们今天所说的外国不同，但在一些前提性的概念上，雍正把事情搞复杂了，反而不利。他的儿子乾隆看出了这个毛病，即位后把《大义觉迷录》全部收回，列为禁书，杀了被雍正赦免了的曾静等人，开始大兴文字狱。

康熙、雍正年间都有丑恶的文字狱，但使用文字狱特别厉害的是乾隆，他不许汉族知识分子把清廷看成是"夷人"，连一般文字中也不准出现"虏""胡"之类的字样，不小心写出来了很可能被砍头。他想用暴力抹去这种对立，然后一心一意做个好皇帝。其实，本来这样的人已经不可多觅，雍正和乾隆都把文章做过头了。

## 二、白莲教和天理教起义

乾隆年间，和珅的腐败导致清王朝上下官员贪污成风，几个清廉的官吏都寄情于诗文书画，明哲保身，百姓怨声载道，一些反抗残酷剥削和压迫的社会组织在民间兴起。在湖北和河南一带，兴起了白莲教。

最初是一个叫刘松的安徽人，到河南传教，利用给百姓治病的机会，劝人入教，后来被官府发现抓获并将他流放到了甘肃去。刘松的徒弟刘之协和宋之清逃到湖北，继续传教。他们向人们宣传说：清朝快要灭亡了，将会出现新的世界，入教的人都可以分到属于自己的土地。贫苦的农民听了这个宣传，便纷纷参加了白莲教。

由于参加白莲教的人越来越多，震惊了乾隆帝，乾隆帝命令官府捉拿教徒。一些官吏本来是敲诈勒索的老手，趁机派出差役，挨家挨户地查问，不管你是不是教徒，都得拿出一笔钱来"孝敬"他们，有钱的出钱买命，没钱的便被抓到监狱里严刑拷打，甚至送了命。武昌有个官员向百姓敲诈勒索不成，竟然罗织罪名，加害百姓几千人。为此，白莲教首领刘之协在襄阳召集教徒开会商量应对之策，大家纷纷说："这个世道真是官逼民反了，我们不如索性起来造反吧。"经过一番商议，他们决定用"官逼民反"的口号，发动群众起义，并且派出教徒分头到各地去联络。1796

年，也就是嘉庆帝继位那年，白莲教徒在湖北宜都、枝江等地举行起义。襄阳地方有个白莲教首领齐林，原定在元宵节起义，不料走漏了消息，遭到官府的袭击，齐林和一百多个同伴被杀害。

齐林年轻的妻子王聪儿，是个江湖卖艺的女子，从小练得一身武艺，她16岁与齐林成亲，丈夫死后，她决心给丈夫和起义的同伴们报仇，于是她和齐林的徒弟姚之富一起，重新整顿起义队伍，不到一个月，组织了一支四五万人的起义军，他们到处打击官府，惩办贪官污吏。

当王聪儿在湖北起义的时候，四川、陕西的白莲教也起兵响应。起义的怒火在三省广大地区蔓延开来。嘉庆帝见此，连忙命令各地的总督、巡抚、将军、总兵等大小官员，派出大批人马镇压起义军。王聪儿的起义军在湖北、河南、陕西流动作战，打破了清军的围剿。1798年，起义队伍到了四川，与当地的起义军会师。

清军有个将领明亮向嘉庆帝献了一条"坚壁清野"的计策，要各地组织武装民团，修筑碉堡，起义军一来就把百姓赶到碉堡里去，叫起义军得不到粮草供应与人员支持。嘉庆采纳了他的计策，下令各地全都采用这种计策，起义军的处境果然越来越困难。

嘉庆三年（1798年）初，清军在川北一带围攻王聪儿，王聪儿摆脱了清军围攻，带领二万人攻打西安，不料在西安打了败仗，再打回湖北的时候，明亮率领官军紧紧追击。起义军后有官军，前有武装民团的拦截，在勋西（今湖北省内）的三岔河地方陷入敌人的包围圈，王聪儿指挥起义军退到茅山的森林里，准备组织突围，又被官军密密麻麻地围住山头，大举进攻。最后终因敌我力量相差悬殊而归于失败，王聪儿和姚之富等跳崖身亡。

此后，各地起义军继续进行反抗官府的斗争。清王朝共花了九年的时间，才把白莲教起义镇压下去。白莲教起义虽然失败，却唤醒了更多的人起来反抗，不到十多年的时间，又爆发了李文成领导的天理教农民起义。

李文成出生于河南滑县谢家庄一贫苦农民家里，早年他家就与官府结下了深仇大恨。其大哥李文山给官衙修建花园，完工后，衙役监工不但不给工钱，反而诬陷他偷东西，他大哥因此被捕入狱，受尽折磨，奄奄一息时被放出狱，不久后死去。二哥李文林，因带头拒缴官税，被活活打死于狱中。李文成十多岁时，曾念过几天私塾，因为反对宣传孔孟之道，被以对孔孟不尊之罪名，赶出了学校。为了谋生，他年纪轻轻便做起了木工、泥瓦匠。

有一次，他被县署招去修建寺庙，工钱皆被衙役毛天庆私自侵吞，他站出来替几位穷苦工人说话，据理力争讨要工钱，毛天庆反诬他惑众闹事，煽动罢工，于是县官判了他企图谋反罪，关进了大牢，后为乡亲们多方营救而获释。

后来河南、河北、山东各省连年灾荒，饿殍遍野，想造反的人很多。于是李文成抓住时机，串联组织了天理教。其教义是：平民百姓要想不受官府欺压，除非改朝换代。李文成以为人看病、算卦为掩护，在百姓中间传播天理教。他先与勇于造反的牛亮臣结为盟兄弟，接着又与天理教首领黄兴宰兄弟商议谋划如何发动民众起义。李文成、牛亮臣和直隶天理教首领林清、山东天理教首领冯克善商定，林清在河北、冯克善在山东、李文成在河南，三处在同一时间举行起义，起义成功后，并建立政权统归李文成领导。

嘉庆十七年（1812年）正月，李文成、林清在滑县道口镇召集众人召开天理教大会，制定起义军纲领和各项纪律，起义军的纲领是："反清复明，替天行道，杀富济贫，平分土地。"纪律是："违反纲领者杀，泄露机密者杀，打骂百姓者杀，调戏妇女者杀，掠夺民财者杀。"老百姓见此，说李文成是"李自成"转世，纷纷要求参加天理教。同年十月，各路起义军首领商定，在嘉庆十八年（1813年）九月十五，三省同时起义。

不料，距起义还有一个月的时候，起义机密被泄，李文成、牛亮臣被捕。于是天理教首领召集紧急会议，决定在九月初七提前起义，到了这天，起义军大队人马攻破滑县县城，救出了李文成、牛亮臣等人，并杀死了县令强克捷和巡检刘斌。随后，李文成同众首领议定建立农民政权，任命牛亮臣为军师，宋元成为大元帅。义军严惩贪官污吏、恶霸地主，开仓济贫，受到民众的热烈拥护和响应，民众纷纷投奔起义军，队伍不断壮大。

但林清领导的河北起义军，因不知山东、河南提前起义的消息，仍按原定时间起义攻打紫禁城，由于没有援军协助而失败。后来，李文成所率领的起义军又陷入清军和地主武装的重重包围之中，最后寡不敌众，也很快失败了。

## 三、严复和《天演论》

在戊戌变法兴起的同时，另一位重要人物以他对西学的研究成果，影响了康有为等维新派，这个人就是严复。严复（1853—1924），字道，福建侯官县人。父亲是一个普通的乡村医生，他14岁那年，父亲积劳成疾，过早地离开了人世。

严复的父亲对他的教育十分重视，使他自小就养成良好习惯。由于天资聪颖又勤奋刻苦，就在他父亲去世那年的冬天，他以第一名的成绩考取了福州船政学堂。这是一所海军学校，附属于福州船厂，是左宗棠督闽浙时创办的。严复在这所学校的5年间，除了学习英文和驾驶船舶技术外，还学习了数学、力学、物理学、化学、天文学等课程。

1872年秋，严复以优异成绩毕业于福州船政学堂，被分配到军舰上实习和工作了5年。由于他工作勤奋，又被选派到英国去留学。在1877—1879年的英国留学期间，严复除了学习专业知识外，对英国的社会也进行了一番考察。课余时间，他都用来学习和研究资产阶级的社会学和政治学著作。两年后，严复回国，在福州船政学堂做教员。第二年被李鸿章聘到天津担任北洋水师学堂的教务长，10年之后又任该校校长，严复在这所学堂工作了20年，直到1900年发生了义和团运动，他才辞去职务，移居上海。

甲午战争前，严复作为封建社会的一名知识分子，像其他人一样热衷于功名，愿得一官半职。他曾几次参加科举考试，由于种种原因，一直未能中举。甲午战争后，日军的侵入，使中国陷入了严重的民族危机之中，严峻的形势使他警醒起来，他放弃了走科举做官的道路，转而成为提倡变法维新、救亡图强的鼓动者。

1895年，严复在《直报》连续发表了四篇文章：《论世变之亟》《原强》《救亡决论》和《辟韩》。1897年他又参与创办了《国闻报》，报道国内外大事，抨击当时腐朽的政治和旧文化，继续倡导维新变法。从1894年起，他着手译述英国生物学家赫胥黎的《天演论》，这本书成为轰动一时的传世名作。《赫胥黎文集》第七卷前两部分专述进化论，题为《进化与伦理》，严复将它译为《天演论》。他每译完一篇，都加了按语，共二十九条，与译文的篇幅不相上下。1895年初，严复在他主办的《国闻报》的增刊《国文汇编》第二、四、五、六期陆续发表，1898年4月，又以《天演论》书名出版。

《天演论》强调生物是进化而来的，不是万古不变的。遵循"物竞天择，适者生存"的规律，"物竞"是生存竞争，"天择"是自然淘汰，一竞一择，促使自然界生物进化。赫胥黎认为这种生物进化，同样适用于人类社会的发展。严复在译《天演论》时，每每结合时势，加按语，写译注，使国人洞悉"物竞天择""优胜劣汰""适者生存"之理，激发人们"自强保种"，救亡图存。《天演论》上半部阐述的是达尔文主义，用生物进化论来解释社会现象，宣扬西方弱肉强食的理念。下半部阐述"人治日新""终将胜天"，极大地鼓舞了中国人民复兴的信心，成为爱国志士维新变法的理论根据，对当时和"五四运动"时期思想先进的中国人起了重大的思想启蒙作用。

《天演论》由于赫胥黎新奇的思想和严复流畅的笔力，在当时产生了巨大的影响，奠定了严复作为中国近代史上最重要的资产阶级启蒙思想家的地位。

从甲午战争到戊戌变法这几年，是严复一生中最重要的时期，但他不太赞成康、梁掀起的政治改革运动，而是看重教育，强调搞教育、办报纸、"开民智"，并把这看作是救国之本。"百日维新"后，严复在政治上的立场更加趋于保守了。

严复一直没有停笔，在辛亥革命前十年，他又翻译出版了许多重要著作，其中主要有亚当·斯察的《原富》、孟德斯鸠的《法意》和穆勒的《穆勒名学》（上部）。这三部译著，加上先前翻译出版的《天演论》，全称"严译四大名著"。此外，严复还翻译出版了斯宾塞的《君学肆言》和耶方斯的《名学浅说》等。

天演论

## 四、魏源与《海国图志》

鸦片战争的炮声震醒了东方睡狮,开启了中国自商周三千多年来未有之大变局的序幕。一些先进的知识分子终于睁开眼睛发现了天朝之外更加强大的世界,魏源便是其中著名的一位,被人们称为"近代中国睁眼看世界的第一人"。

魏源(1794—1857),字默深,湖南邵阳人。出生于一地主官僚家庭。10岁时家乡遭灾,家庭从此破落。由于家境贫寒,魏源读不起书,只好到私塾里借书,由于他刻苦勤奋,15岁便考中举人。他热心研究中国现实问题,喜欢议论时政,成为鸦片战争时期著名的思想家。

从鸦片战争爆发的时候起,魏源就开始注意了解和研究西方世界。1840年9月的一天,占领定海的英军,为了筹划进攻中国内地的作战计划,派出人员刺探军情。一名叫安突德的炮兵军官偷偷地到定海附近测绘地图,被当地的百姓抓获,送交给宁波知府衙门。

魏源听到这个消息,非常高兴,立即赶到宁波,亲自审讯安突德。安突德向魏源交代了英军的作战意图和武器情况,同时也详谈了一些英国的历史、地理、经济和政治等情况。事后,魏源根据安突德的交代的材料,写成了《英吉利小记》,向中国人介绍了英国的历史、地理等基本情况供人参考。

1841年8月的一天黄昏，魏源在镇江城边的码头上，迎来了因中、英战事被道光皇帝革职罢官、即将发配到新疆伊犁的林则徐，两位忧国忧民、力主抗英的爱国志士相见，不由百感交集，慨叹不已。在魏源的住处，林则徐小心翼翼地打开一个布包，指着布包内的一大捆书报说："这是我在广东时组织人员从澳门的书籍和报刊上收集翻译的外国资料。如今我发配新疆伊犁，路途遥远，不知何年何月才能返回。我想把这些东西交给你，如果你能在这些材料的基础上，编写一部介绍海外各国情况的书，改变国人对世界的无知状态，这便实现了我的夙愿。"

魏源从林则徐手中接过沉甸甸的布包，激动地说："这也是我向往已久的夙愿，我将尽快把它写出来，不负你的嘱托。"

林则徐走了以后，魏源更加广泛地收集天下有关世界各国的地理、历史资料，决心在林则徐《四洲志》的基础上，编写一部集大成式的世界史地著作。1842年8月，听到中国因鸦片战争的失败被迫签订了丧权辱国的《南京条约》后，魏源非常气愤，加快了写作的步伐，夜以继日地工作，到1843年初，终于完成了这部著作，书的名字叫《海国图志》，这是鸦片战争失败后，中国先进知识分子了解和认识西方世界的第一部百科全书式的宝贵典籍。

《海国图志》初稿为50卷本。魏源在书的序言中提出了"以夷攻夷"和"师夷之长技以制夷"两大反侵略纲领："以夷攻夷"就是联合其他的国家，打击外国侵略者；"师夷之长技以制夷"就是要学习西方国家先进的科学技术和练兵方法来战胜外国侵略者。

通过第一次鸦片战争时期参加抗英斗争的亲身经历，魏源认为，这些西方侵略者超出中国的长处有三个：一是有行驶如飞的战舰，二是有打得远、杀伤力强的大炮，三是有严谨的练兵方法。因此，中国要想避免鸦片战争那样的失败，必须要有制造武器的火器局，从法国和美国请来技师传授技术，选送中国工匠学习制造，以加强国防。

《海国图志》还是中国关于世界地理的空前详细、准确的著作，书中以巨大的篇幅，详细介绍了各国历史和地理概况，收录了各种地图77幅，分地球全图、各大洲图和各国地图，对地球全貌、经纬度、五大洲、四大洋都有详尽介绍。

魏源从反侵略的立场出发，主张在军事技术上师敌之长，补己之短，以"师夷"为手段，以"制夷"为目的，迈出了向西方学习的第一步。这"第一步"的含义，与明末清初至康熙年间中国一些先进知识分子学习西方的科学技术有着明显的不同，这是一种"落后"向"先进"的学习，中国知识分子终于认识到"天朝"的不足了；而康熙时期的学习则是一种"平等"的技巧学习，是学习一种"异技"而非"长技"。当时，如此学习自然不会引起多数知识分子的注意，而魏源充满"忧患"意识的学习渐渐使中国知识分子警醒了。

这从魏源自己改革思想的变化也可看出来。面对清王朝的腐败，魏源主张变法，要求革新。他强调"小变则小革，大变则大革，小革则小治，大革则大治"。但鸦片战争以前，他要"变"要"革"的，还只是停留在漕运、粟盐、屯垦、河道水利等方面的"兴利除弊"。鸦片战争后，从《海国图志》看，他的变革思想有了发展，不但主张"师夷

魏源像

之长技以制夷",强调"有用之物即奇技而非淫巧",收集了仿造西洋船炮器械的图说、资料,而且提倡创办民用工业,提出了"沿海商民,有自愿仿设厂局以造船械,或自用或自售者,听之"的建议,甚至羡慕起美国的联邦制度,并且把"不设君位,惟立官长、贵族等办理国务"的瑞士,颂扬为"西土之桃花源"。

## 五、曹雪芹与《红楼梦》

乾隆时期,清朝迎来了它繁荣的顶峰,然而社会的各种矛盾也在不断积聚,盛世的外衣下面潜伏着危机。就在这个时候,北京城里开始流传着一本小说,揭露了官僚、贵族们的奢侈糜烂生活,这本小说就是《红楼梦》,《红楼梦》的作者是曹雪芹。

曹雪芹,名曹霑,字梦阮,号雪芹。他的生辰没有确切的资料考证,有一种说法:《聊斋志异》的作者蒲松龄去世的那年(康熙五十四年),1715年正是曹雪芹出生之年。一般认为,不会太早于此,也不会太晚于此。

曹雪芹像

曹雪芹的祖上为汉人，远祖曹锡远曾任明代沈阳中卫的地方官，后成为努尔哈赤的俘虏、奴隶。其子曹振彦被编入旗籍，崇祯七年（1634）转入多尔衮统率的满洲正白旗，任军中"佐领"，后随清军入关，护驾有功，成为直接为皇帝服务的内务府正白旗包衣，这在当时是只有经过长期考验的最忠实的奴才才能享有的殊荣，对一个汉族出身的人来说，尤其如此。也正因为这样，曹雪芹的曾祖父曹玺的夫人才有可能被选入宫中，当幼年康熙的保姆，曹玺的儿子曹寅又给幼年康熙当伴读。康熙登基后，立即委曹玺以重任，派他到江宁当织造，而且此职从此以后不再三年一换，成了曹家世袭的官位。江宁（即现在南京）是南方富裕的地方，织造是专替皇族制办服装的官，是个赚钱的差使，官阶虽然不高，地位却十分重要。整个康熙时期，曹家三代都受着优厚的待遇和特殊的信任，康熙五次"南巡"，有四次以织造府为行宫，曹家于是成为江宁的"百年望族"。曹玺死后，曹雪芹的祖父曹寅、父亲曹𫖯接替了这个官职。

雍正帝继位后，因为皇室内部的纠纷，牵连到曹家，雍正帝认为曹家反对过他，不但革了曹𫖯的职，还下令抄了他们的家。那时候，曹雪芹是个十岁的孩子，已经懂事，看到家庭遭到这样大的灾难，幼小的心灵受到了很大打击。

曹雪芹的父亲丢了官，在江宁待不下去了，只好回到北京老家，生活越来越穷，家庭的灾难也接二连三地发生，到后来，父亲曹𫖯也死了，曹雪芹的生活也更加困难，他只好搬到北京西部，盖了几间简陋的茅屋，饥馑度日。

当初，曹𫖯是个殷勤好客之人，与英国商人有直接往来。有一英商菲立普就应曹𫖯之请为他的工厂传授纺织工艺，并在曹家宣教《圣经》，纵谈莎剧，虽然不敢说曹雪芹接受了什么影响，但在这种家庭气氛下对开拓他的视野也有一定的作用。曹雪芹的祖父曹寅曾经收藏书十余万卷，曾主持编刊过《全唐诗》《佩文韵府》等，是颇具江南风雅的人，这个家庭背景对聪慧异常的曹雪芹来说，无异于"天助"。

家道衰败以后，曹雪芹二十岁左右，开始为生计奔波，他当过小吏、教师，以致舍夫，他对曾经的荣华生活已不抱幻想。即使挣得祖上般的富贵，也会在一夜之间沦为赤贫。他对仕途的蔑视程度，是没有经历幻灭的其他文人无法望其项背的。他唯一不改的是吟诗作画、饮酒听曲的嗜好，甚至"杂优伶中，以串戏为乐"。

曹雪芹的物质生活虽然凄楚悲凉，但气质上兀傲的豪气却是各类人中均少见的，他既没有那些当鸟吏鳖官的奴气，也没有粗鄙无文者的野气和贱气。他倜傥不群，情志舒展，人格的光彩反而因这种特殊的经历而愈发自由闪烁，他不想再得到什么，他也不怕再失去什么，他疏朗诙谐，雄辩健谈，傲骨铮铮。

他最亲近的朋友是皇室贵胄的飘零子弟敦敏、敦诚弟兄和私塾先生张宜泉。敦敏、敦诚兄弟本是清太祖努尔哈赤第十二子英亲王阿济格的五世孙，阿济格在顺治初年被抄家，赐死。他们是比曹雪芹更位高跌重的人，对人间世态的体会有相同感触。他们三人都很欣赏魏晋名士的风骨，尤其推崇阮籍，曹雪芹曾字"梦阮"，敦诚亦有诗"懒过稽中散，归于阮步兵"。

曹雪芹能诗善画。他的诗充满"新奇"，敦诚曾称赞曹雪芹的诗"爱君诗笔有奇气，直追昌谷破篱樊"。唐代诗人李贺是有名的"鬼才"，与诗仙李白、诗圣杜甫并列，人称诗鬼，其诗意奇拔诡异。曹雪芹的画和他的人一样，也充满奇气，敦敏有首《题芹圃画石》诗说："傲骨如君世已奇，嶙峋更见此支篱。醉余奋扫如篆笔，写出胸中块垒时。"

曹雪芹一生的生活境遇从荣华的贵族生活到赤贫的文化人，胸怀旷世之奇情奇才，万千抑塞愤懑从胸中呼出，历时十年，化作了惊世灿烂的文学巨著《红楼梦》。

一块通灵的玉石来到人间豪门贾府，体会人世的荣辱兴衰、爱恨恩怨、黑暗腐朽，最后由色悟空，仿佛红楼一梦。

这部对人世绝望的不朽巨著，似乎正是对危机四伏的乾隆盛世的一个文学预言，也是对中国几千年专制王朝的一个文学性总结。

《红楼梦》问世以后，不仅受到国内人民的欢迎，而且影响到了全世界。在1842年就有一部分被译成英文，此后，英文、俄文、德文、法文、意文、日文、越南文、荷兰文等译本陆续出现，不下几十种，并且渐渐形成了一个研究《红楼梦》的学科，被称为"红学"。

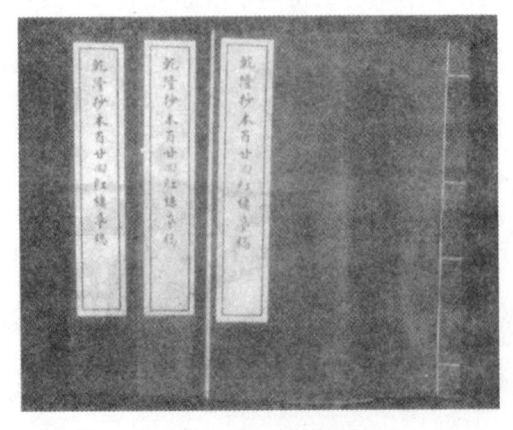

乾隆年间手抄红楼梦

## 六、清末谴责小说

清朝末年，官场上的腐败、黑暗，简直达到了见不得人的地步。于是不少具有正义感的文人拿起了自己的笔，用当时流行的章回体小说，刻画了一个又一个形象鲜明的贪官污吏形象，其中最著名的是吴趼人的《二十年目睹之怪现状》和李伯元的《官场现形记》，其笔力之锋利，揭露之深刻，达到了讽刺小说发展的一个新阶段。

### （一）吴趼人和《二十年目睹之怪现状》

吴趼人（1866—1910），名沃尧，字茧人，后改为趼人。他生于广东南海，因住在佛山，自称"佛山人"。吴趼人性格刚毅，虽一生坎坷，却从不低眉俯首，奴颜媚骨。在二十多岁时，他到了上海，以给日报撰写小品文为生。后来到山东住过一段时间，接着又去日本旅游，但都不如意，最后又回到上海，担任《月月小说》主笔。吴趼人一生主要从事于办报，并写过三十多部小说，在当时也属于多产作家，主要著作有《二十年目睹之怪现状》《九命奇冤》《近十年之怪现状》《新石头记》等，他的作品风格清幽明快。

吴趼人的力作《二十年目睹之怪现状》，全书共一百零八回，主要描写了一位自称"九死一生"的主人公，在1884年中法战争后的二十多年里所见所闻的种种奇闻怪状，书中涉猎的范围比较广泛，重点暴露了官场的黑暗和商场、洋场及封建家庭的丑恶。

小说突出了一个"怪"字，用漫画的手法，刻画了一个个栩栩如生、可笑可鄙的人物形象。他们当中有把国土拱手让给洋人的外交大臣，有愚昧荒唐、胆小怕死的海军管带，也有为了升官发财做贼的知县。为了达到自己的目的，他们不择手段，杀人、出卖国家、巴结奉承、出卖良心。吴趼人用传神之笔勾勒出一幅幅沽名钓誉、附庸风雅的官吏及没落文人的丑态。主人公能从这个光怪陆离、乌烟瘴气的世界里冲杀出来，真可谓"九死一生"了。

无疑，小说中展现的这个污浊的世界，正象征着腐朽黑暗的清王朝，预示着清朝即将崩溃的命运。

## （二）李伯元与《官场现形记》

李伯元（1867—1906），原名李宝嘉，别号南亭长，出生于山东。李伯元的父亲在他很小时就经常督促他学习经史之作，所以李伯元少年时就擅长于诗赋和制艺，也喜好篆刻。上学时，他成绩优秀，以第一名的成绩考中秀才，但在以后的科举考试中他却次次榜上无名，这使他开始厌恶官场的营私舞弊。同时，科举的失意，激化了他对社会的不满，他不再谋求为官，而要用笔去揭露官场和社会上的丑恶现象。

后来，他到上海开始办报。最先办的《指南报》，不长时间就停刊了。之后，他又办了《游戏报》《世界繁华报》，在办报期间他写出了《文明小史》，以及《庚子国变弹词》《中国现状记》《活地狱》等，他的作品透彻清新，讽刺力强，深受人们喜爱。每次在他刚一完稿时，大家便争着想先睹为快。《官场现形记》是李伯元最有影响的一部作品，也是谴责小说中最有代表性的一部。

这部书共六十回，由许多短篇故事连成，重点抨击清末官场的腐朽黑暗，暴露了晚清崩溃时期统治阶级内部昏庸腐朽的状况。李伯元痛恨那个罪恶的世界，他把自己的憎恶化为笔下一个个丑恶不堪的形象，从身居高位的大官僚到芝麻大的县令杂役，都没有逃出他的斥骂。其中第十三回，制台见洋人那段最为精彩。这位制台平日里专横跋扈，对属下轻则破口大骂，重则拳脚相加，可是一遇到洋人，立即就换了一副面孔，卑躬屈膝，就差下跪磕头了。制台有个习惯，吃饭时客人来访不准通报，一天，他吃饭时属下通报有客人来，制台不问青红皂白，立即对其大骂，可一听说来的是洋人，顿时气焰就矮了半截，但为了给自己找个台阶下，他又打了属下一个耳光，责备他为什么知道是洋人还不早点回禀，让人等了那么长一段时间。

小说中的一个个人物，正是清朝腐败官僚的缩影。虽然是用轻松可笑的故事编写，但读后却有一种无法卸下的沉重感，因为这正是自己灾难深重的生活环境，因此，作者在书中流露出了改良社会的思想。

## 七、"浓墨宰相"刘墉

宰相刘墉，民间广为流传，野史上记载颇多的是他与乾隆、和珅斗智斗勇的轶闻趣事，说来令人捧腹，几至绝倒。

刘墉（1719—1804），字崇如，号石庵、青原、香岩、石砚峰道人等，山东诸城人，系乾隆进士，官至吏部尚书、体仁阁大学士。其父刘统勋也是大学士，刘墉的仕途还算顺利，这里面多少有些他父亲的功劳。

据说刘墉持躬清介、行为放诞、不修边幅，穿着破衣烂衫，虽然露肘踵也一点儿都不在乎。一天上殿，有个虱子沿着他的衣领而上，慢慢地将要爬到了胡须，乾隆看见不禁偷偷地发笑。刘墉见了心里纳闷，不知道乾隆笑什么。回到家后，外人看见了提醒他，要给他捉虱子，刘墉才明白乾隆暗笑的原因，于是对外人说："不要杀了这个虱子，此虱几次爬上胡须，曾经为皇上御览，福分大佳，你们也没有它那么好的福气！"

其怪诞如此，刘墉居官数十年，家资清薄，门可罗雀；而与他同时的满相和珅却专权恣肆，富可敌国，就连他家的看门人，也有银子百多万两。刘墉常常悄悄地把自己的朝服拿到和珅开的当铺里去典当换钱，而和珅的门人一点儿也不知道。

有一次正逢元旦朝贺，同僚皆狐裘貂套，只有刘墉穿着破衣服，状极瑟缩，乾隆见了很不高兴，认为刘墉是装的，便责问说："刘墉你为什么有衣服不穿，装成这副穷样子？"

刘墉叩头回答说："我的全部衣服，都在和珅的当铺里。"

乾隆把和珅召来问，和珅茫然不知，于是刘墉出示当票说："我有票据在，怎么能说没有呢？"

和珅大窘，哑口无言，乾隆于是说："刘墉的衣服，你还了他吧，你看他冻得怪可怜的。"

从朝堂出来后，刘墉掩嘴偷笑说："皇上问得凶，我一时找不出话说，只好把老兄抬出来，莫怪莫怪。"

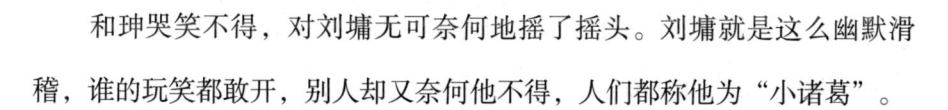

和珅哭笑不得，对刘墉无可奈何地摇了摇头。刘墉就是这么幽默滑稽，谁的玩笑都敢开，别人却又奈何他不得，人们都称他为"小诸葛"。

刘墉不仅怪诞幽默，而且书法诗文很好，甚至超过了他的政绩，被称为"浓墨宰相"。尤其是他的书法，在乾隆、嘉庆年间，与翁文纲、梁同书、王文治并称"清四家"。据徐珂《清稗类钞》记载：

诸城刘文清书法，论者譬之以黄钟大吕之音，清庙月堂之器，推为一代书家之冠，盖以其融会历代诸大家书法而自成一家。所谓金声玉振，集群圣之大成也。泗州扬文敬公士骧所藏文清真迹甚多，盖其自入词馆以迄登台阁，体格屡变，神妙莫测，其少年时为赵体，珠圆玉润，如美女簪花。中年以后笔力雄健，局势堂皇。迨入台阁，则绚烂归于平淡，而臻炉火纯青之境矣。世之谈书法者，辄谓其肉多骨少，不知其书之佳妙，正在精华蕴蓄，劲气内敛，殆如浑然太极，包罗万象，人莫测其高深耳。

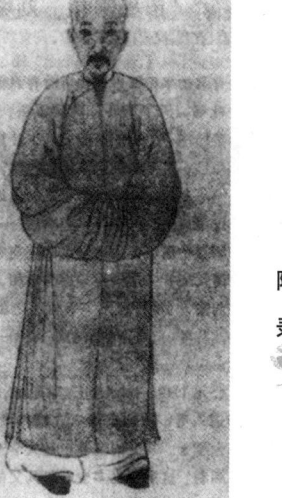

这段话，恰当地评价了刘墉的书法，正和他的为人一样，怪诞幽默，劲气内敛，殆如浑然太极。刘墉的字好，而且自成一家，别人极难模仿。他当尚书的时候，每写完判词，就画一个"十"字，有下属模仿，刘墉一眼便能认出，说："我的字是不可模仿的。"

然而刘墉对自己的评价却是："吾平生有三艺：题跋为上，诗次之，字又次之。"那么，刘墉的诗如何呢？

法式善《梧门诗话》中说："刘石庵先生小诗最有远致。"阮亨《瀛舟笔谈》说："石庵刘相国书法冠冕海内，而诗不多见，所传诵者大率从卷轴传抄而得，字字遒劲，非深于少陵者不能读也。"

看了别人的评论，我们再来看其两首小诗，风味则由你自己去评说吧。

康熙、乾隆曾数次派人去寻找黄河之源，终于在乾隆二十四年（1759年）探定，探源者鄂弥达自绘寻源小像以志其事。对此，刘墉有一首应和之作，名为《题寻源小像》，其诗如下：

三万与图驿使通，远探星宿被恩隆。

一源迢递求天上，九曲分明到眼中。

密勿陈情归圣鉴，飞腾绝域嗣家风。

斯人宛在无今昔，鲸背游仙向海东。

再看其一首《题寺门》的小诗：

强将佛法困英雄，禅榻蒲团一扫空。

今日清凉山下路，杏花深处酒旗风。

书画如其人，诗亦如其人。中国文论有句名言："文如其人。"凡是一个人的自成风格的作品，无不是其人格的反映。看来此言不虚。

刘墉七言联

## 八、清朝历代皇帝年表

### 清（1616年—1911年）

| 帝王（姓名） | 年号（在位时间） | 即位时间 |
| --- | --- | --- |
| 太祖（爱新觉罗·努尔哈赤） | 天命（11） | 1616 |
| 太宗（~皇太极） | 天聪（10） | 1627 |
|  | 崇德（8） | 1636 |

| 世祖（~福临） | 顺治（18） | 1644 |
| 圣祖（~玄烨） | 康熙（61） | 1662 |
| 世宗（~胤禛） | 雍正（13） | 1723 |
| 高宗（~弘历） | 乾隆（60） | 1736 |
| 仁宗（~颙琰） | 嘉庆（25） | 1796 |
| 宣宗（~旻宁） | 道光（30） | 1821 |
| 文宗（~奕詝） | 咸丰（11） | 1851 |
| 穆宗（~载淳） | 同治（13） | 1862 |
| 德宗（~载湉） | 光绪（34） | 1875 |
| ~溥仪 | 宣统（3） | 1909 |

# 丛书参考文献

[1] 冯静荪，李君.资治通鉴谋略大典［M］.郑州：中州古籍出版社，1993.

[2] 司马光.资治通鉴精华［M］.北京：九州出版社，2005.

[3] 司马迁.史记［M］.长沙：岳麓书社，1988.

[4] 班固.汉书［M］.郑州：中州古籍出版社，1996.

[5] 范晔.后汉书［M］.郑州：中州古籍出版社，1996.

[6] 《四书五经》［M］.长沙：岳麓书社，1998.

[7] 陈晋.毛泽东评点二十四史［M］.北京：时事出版社，2011.

[8] 冯梦龙.东周列国志［M］.长沙：岳麓书社，1990.

[9] 卢定兴，王良.五千年帝王历史演义［M］.北京：京华出版社，2009.